화창한 봄날의

보험영업 이야기

화창한 봄날의 보험영업 이야기

발행일   2018년 3월 16일

지은이   신 경 빈
펴낸이   손 형 국
펴낸곳   (주)북랩
편집인   선일영   편집   권혁신, 오경진, 최승헌, 최예은
디자인   이현수, 김민하, 한수희, 김윤주, 허지혜   제작   박기성, 황동현, 구성우, 정성배
마케팅   김회란, 박진관, 유한호
출판등록   2004. 12. 1(제2012-000051호)
주소   서울시 금천구 가산디지털 1로 168, 우림라이온스밸리 B동 B113, 114호
홈페이지   www.book.co.kr
전화번호   (02)2026-5777   팩스   (02)2026-5747

ISBN   979-11-5987-989-0 03320(종이책)   979-11-5987-990-6 05320(전자책)

(주)북랩 성공출판의 파트너
북랩 홈페이지와 패밀리 사이트에서 다양한 출판 솔루션을 만나 보세요!
홈페이지 book.co.kr   •   **블로그** blog.naver.com/essaybook   •   **원고모집** book@book.co.kr

억대연봉, 걸음마 단계부터 극복하는 것이 성공으로 가는 지름길이다!!

화창한 봄날의

보험 영업 이야기

신경빈 지음

멋진 남자가 보험에 인생을 담다.
인생 단 한 번의 보험 이야기. 인생철학서!

북랩 book Lab

화창한 봄날의
보험영업 이야기

멋진 남자가 보험에 인생을 담다.

인생 단 한 번의 보험 이야기. 인생철학서!

억대연봉, 걸음마 단계부터 극복하는 것이 성공으로 가는 지름길이다!!

신경빈

🐦 PROLOGUE

🌸 보험영업의 출발점

보험영업을 왜 하는 것일까? 솔직히 고백하건대, 나도 어릴 때는 보험업에 종사하는 다시 말해서 보험설계사를 천하게 본 것은 사실이다. 이는 보험설계사를 하면서 나의 생각이 옳지 않았고, 막연히 주변에서 하는 얘기만 듣고 나쁜 인식을 가졌다는 것을 깨달았다.

어린 시절, 지금처럼 미디어가 발전되지 않은 시절에 보험은 주로 방문판매를 통해서 이루어졌다. 어머니는 집에 계시다가 보험영업을 하는 아주머니들이 "안녕하세요, 잠시 얘기를 좀 나누어도 될까요?" 하면서 접근하면 착한 어머니는 "돌아다니시느라 고생이 많으세요. 음료수라도 한 잔 드시고 가세요." 하면서 그분들을 집에 들어오게 하셨다. 어린 시절에는 주택이 많았고 사람들 사이에 따뜻한 정이 있었기에 가능했던 이야기다.

내가 보험을 하면서 알았지만 어머니는 미래에 대한 대비책이 있으셨던 거 같다. 좋지 않은 형편에 형여나 자식들에게 무슨 일이 생기면 어쩌나,

어머니나 아버지에게 무슨 일이 생기면 가정은 어떻게 될까, 아이들은 어떻게 생활을 하지. 이런 걱정이 있었는지 보험을 꽤나 많이 들어놓으셨다. 빠듯한 형편에 참 많이도 들어놓으셨다. 한편으로는 어머니가 착하셔서 보험설계사의 말에 잘 속았을 수도 있다. 어찌 되었든 좋다.

지금 생각해보면 그 보험들이 아직도 유효하고 어머니는 젊을 때 들어놓았던 보험으로 지금도 보장을 받고 계시니 좋을 따름이다. 그때 보험설계사들이 보험 권유를 하지 않았더라면 어땠을까. 연세가 들어 일하기 힘들고 더욱이 노화로 인해 아픈 곳은 갈수록 늘어나는데, 그 많은 병원비를 어떻게 조달하겠는가. 세상이 힘들다 보니 키워 놓은 자식들도 넉넉하지 않은 형편이니 말이다.

노후에 그나마 믿을 수 있는 게 보험이었다. 신장에 결석이 생겼을 때도, 자궁에 작은 혹이 발견되었을 때도, 치아 조직에 문제가 생겼을 때도 어머니는 몇 개의 보험사에서 보장을 받으셨다. 정말로 보험가입을 잘 했다는 생각이 든다고 하셨다.

내가 취업이 한참 되지 않았을 때 한때는 영업을 해볼까도 생각했었다. 그런데 쉽게 눈에 띄는 건 보험영업이었다. 나는 늘 "이런 걸 내가 왜 해" 하며 무시하고 지나쳤다. "내가 아직 그렇게 망가진 건 아니야. 그렇게 갈 곳이 없는 건 아니야"라며 무시했다. 그렇게 취업이 안 될 때도 쳐다보지 않았다. 더 나이가 들면 몰라도 아직 젊은 나이에는 이건 아니다 생각을 했다.

어느 날 군대에서 함께 동기로 지냈던 친구가 연락을 했다. 잘 지내냐고 하면서 식사를 하자고 했다. 나는 대학원에 들어가서 공부를 하고 있기는 한데 학비를 내야 하는 것이 빠듯해서 잠시 휴학을 하고 있는 상태였다. 다른 곳에 취업을 해서 돈을 벌어야 하나, 공부도 사치인가, 내가 원하는 꿈에 대한 공부를 더 매진해야 하나…. 많은 고민에 고민을 거듭하고 있던 터였다. 실제로 많은 기업체에 원서를 넣고 있었으며, 일을 할 수 있는 모든 취업 박람회를 찾아다니고 있던 상황이었다.

그 친구는 4주 전부터 연락을 해왔고, 마침내 늦은 밤 학교 앞 작은 식당에서 만났다. 거의 5년 만에 보는 친구였다. 양복을 잘 차려 입고 한 손에는 서류 가방을 들고 있었다. 식사를 하면서 서로의 근황을 물으며 즐거운 대화를 이어갔다. 지나간 군대 시절의 추억도 되새기며 과거에 젖어 있었다.

그런데 식사를 하고 나서 나는 좀 당황했다. 친구가 갑자기 식탁 위에 바인더를 꺼내놓고 보험 얘기를 시작했다. 정말로 뜬금없다 생각했다. 보험은커녕 현재 생활도 힘들었던 나에게 친구의 말이 들어올 리가 없었다. 나는 대충 마무리하고 그 친구와 헤어졌다. 그리고 한편으로는 기분이 그리 좋지는 않았다. 나를 만나 보험을 가입시키려고 했구나 하는 생각에 섭섭함이 맴돌았다.

지금 와서 생각하면, 그 친구는 보험을 시작한 지가 얼마 되지 않아서 가망고객의 한 사람으로 나를 선택했으며 영업을 하러 온 것이다. 그 이후로 그 친구는 연락이 되지 않고 시간이 흘러 자연스럽게 전화번호도 모른 채 서로 잊고 지냈다. 보험의 개념조차도 없는 아니 그럴 여유도 없는 나를 만나고 가면서 "어떻게 실적을 맞추어야 하나"를 고민했을 그 친구의 모습이 이제는 보인다.

내가 이제는 그 친구의 입장이 되었다. 그 친구보다 10년은 더 늦게 발을 들인 셈이다. 알 수 없는 게 사람의 인생이다. 정말로 인생은 모른다. 그래서 주변 사람의 입장을 늘 이해하도록 노력해야 한다. 언제 나도 그런 상황에 처할지 모르기 때문이다. 또한 어릴 때부터 부정적인 인식으로 자리 잡았던 보험영업을 이제는 내가 나이가 들어 생각의 변화로 시작하게 되었다. 언젠가는 하겠지 했는데 이렇게 시작하게 된 시점이 바로 지금이라는 것을 누가 알았겠는가. 인생이 그래서 재미있다.

내가 이 책을 쓰게 된 시점은 보험을 하면서 힘든 시기였다. 영어강사에 대해서 한참이나 회의를 느끼고 있던 터였고, 또한 어려운 경제에 현 수입으로는 미래가 보이지 않는다고 생각했다. 몸의 컨디션마저도 좋지 않은 이런 상황을 타개할 직업이 필요했다. 한국의 정서상 직업을 바꾼다는 건 쉽지 않다. 기업의 문화가 그렇다. 더욱이 어린 나이가 아니라면 원서조차 읽지도 않는다는 것을 살아오면서 수많은 시도를 해보고서야 알았다.

막상 보험을 시작하면서 나는 많은 시행착오를 겪었다. 20대의 열정으로 정말로 열심히 고민하고 노력했다. 하지만 영업이 그리 만만치는 않았다. 그렇게 쉽게 영업을 하면 누구나 다 억대연봉을 받겠지 생각하고 스스로 위로했지만 만족스럽지 않았다. 노력한 것에 비해서 너무도 미미한 결과였다. 그러면서 삶의 대한 반성도 많이 했다. 보험설계사부터 시작해서 영업을 하는 모든 분을 다시 생각해보는 시간을 가졌다. 어린 시절에 내가 무시했던 그분들도, 나의 그 친구도 이런 보험을 하고 싶었겠는가. 자본주의 사회에서 살고자 하는 열망으로 어쩔 수 없는 선택이었던 것이리라, 나처럼…. 그래서 나는 고개가 숙여졌다.

나는 지금의 나이가 아니면 절대로 보험영업에 도전할 수 없을 거라는 확신이 섰다. 더 늦으면 이것 또한 힘들 것이라는 생각이 들었고, 그때가 바로 지금이라는 결론을 내렸다. 그래서 이직했던 직장에서 3개월만 보내고 보험으로 뛰어들었다. 어찌 보면 다시는 돌아오지 않으리라 생각하기도 했지만 인생의 긴 여정으로 볼 때는 일탈 같은 기분이었다.

나는 일탈이라고 생각하겠지만, 매년 아니 매달 보험회사는 각 지역단으로 15명 정도의 신입교육생이 입과한다. 한 보험회사의 경우 서울에 10개 정도의 지역단이 있다. 이는 또 생명보험과 손해보험사로 나뉜다. 생명보험사와 손해보험사만 해도 10개가 넘는다. 여기에 법인 사업체도 있다. 그리고 각 지방마다 흩어져 있는 지역단이 존재한다. 이렇게 생각하면 보험영업으로 뛰어드는 인원이 매달 1000명은 족히 넘을 것이다. 물론 이 많은 인원이 모두 보험으로 승승장구하는 건 아니다. 교육만 받고 코드발급을 하지 않는 경우도 있고, 실제로 입사해서 몇 달 영업을 하고 그만두기도 하고, 영업에 능력이 있어 몇 년까지 종사하는 경우도 있다. 더 나아가 억대연봉으로 10년 이상 하는 분도 있다.

내가 보험을 하면서 많은 시행착오를 겪으면서 깨달았던 점은 이런 많은 사람이 도전을 함에도 불구하고 도움이 되는 책이 없다는 것이었다. 교육 받으면서 어느 정도 성공한 설계사의 짧은 수기는 있는데 실제적인 인생의 이야기가 없었다. 깨달음이 없었다.

현재 성공해서 억대연봉 가까이에 서 있는 설계사의 책도 보았다. 하지만 부족했다. 나의 관점에서는 와 닿지 않았다. 성공으로 가기 위해서는 누구에게나 걸음마 단계가 있다. 그런데 그것을 무시한 채 성공의 경지에서 나열하는 문장은 경험이 부족한 사람들에게는 남의 나라 얘기인 것이다. 걸음마 단계가 없다면 지금의 성공도 없을 것이다.

만약에 도움이 되는 책이 있었다면, 나는 처음 시작이 그렇게 어렵지는 않았을 것이고 시행착오를 겪으면서도 어려움을 당연하게 마음 편하게 받아들였을 것이다. 그래서 내가 책을 써야겠다는 생각을 했다. 보험 설계사로서의 생활이 짧은 나로서는 부족한 면이 많을 것이다.

세상에 완벽한 책은 없다. 부족하지만 내가 깨달은 인생 교훈이 담겨 있는 이 책이 많은 사람들에게 진심으로 도움이 되고, 함께 공감하고 공유하는 계기가 되기를 소망한다.

신경빈

CONTENTS

Part Ⅱ 방향을 바꾸다

Part V 경험으로 깨달은 영업 전략

화창한 봄날의
보험영업 이야기

지금은 아니지만 도전해보고 싶었다.
인생을 살면서 한 번쯤 영업은 해볼 만한 것이고 배울 점과 깨달음도 많을
거라고 예전부터 생각하곤 했다.
또한 새로운 직업을 갖고 싶었다. 새로운 출발을 하고 싶었다.

이렇게 벌어서 살 수 있을까? 이 길이 정말로 나의 길이 맞는 것인가?
그렇다면 지금이 보험영업을 해 봐야 할 때인가?
이런 저런 생각이 나의 뇌리를 스치는 날이 많았다.
그렇다면 언제가 도전을 해야 할 시기인가가 문제였다.
지금 결정을 내리지 못한다면, 아니 지금 도전을 해보지 못한다면
언제 또 기회가 올까. 고민이었다.
어떤 일이든 한 살이라도 더 어릴 때 해봐야 하는 게 맞는다는 걸
인생을 살면서 깨달았다.

새로운 도전 속으로

Part I

제1장
보험영업에 도전하다

❖여기는 어떤 학원일까?

2016년 4월쯤이었다. 〈영어강사로 성공하라(취업에서 창업까지)〉를 탈고하고 출판사에 원고를 보낸 상태였다. 책을 쓰느라 3개월 동안 일을 하지 못했던 터라 다시 일을 하려고 취업사이트를 둘러보았다. 그렇게 한참을 보던 중에 눈에 띌 수 있도록 붉은 글씨로 올라온 공고가 보였다. OO학원인데 내용이 좀 신선했다. 진솔하면서도 감성을 자극하는 내용이었다.

공고를 올린 본인의 간단한 인생 얘기를 적어놓았다. 자신이 연구원으로 일을 하다가 보험(나중에 보험이라는 것을 알았다) 영업을 시작해서 지금의 성공이 있었다는 것이다. 주변의 친구들에 비해 여유로우면서도 적은 시간 일을 하고 있고, 노후 또한 문제없이 일을 할 수 있다는 것이었다.

이것에 덧붙여서 구체적인 월급에 대해서도 명시해 놓았다. 특히 강사 경력이 있는 사람들이 두각을 나타내고 있고 고액의 연봉을 가져간다고 했다. 그러면서 강조했다. 모두가 처음에는 믿지 않았는데, 입사해서 지금은 만족스럽게 일을 하고 있다고 했다.

회사에서는 하루 종일 일하고 야근까지 해도 만족스럽지 않은 월급을 주지만, 이곳은 하루 종일 일을 하는 곳도 아니고 야근은 더 더욱 할 필요 없다고 했다. 또한 강사에게는 주말에 쉬지도 못하고 출근해서 시험 대비를 할 필요가 없다고 했다. 기업체를 방문하기 때문에 기업체가 쉬는 주말에는 일을 할 수도 없다고 했다. 퇴근시간도 5시이기 때문에 취미 생활을 오히려 권장한다고 했다.

늘 밤늦게까지 일을 하고 주말에 시험대비로 출근해야 하는 것에 지겨움을 느낀 나로서는 관심을 가질 수밖에 없었다. 나는 일반 직장인처럼 같은 시간에 일을 하고 같은 시간에 퇴근하고 주말, 공휴일에 함께 쉬기를 늘 소망했기 때문이다. 더불어 수입도 높다고 하니 무엇인지 궁금하지 않을 수 없었다. 나는 반신반의하는 마음으로 이력서를 제출했다.

❖이렇게도 보험영업을 하나?

여러 곳에 이력서를 제출하고 있는 상황이었고 교육 분야라면 내 이력서를 보고 웬만하면 연락을 해왔던 것을 고려해볼 때, 이곳도 연락이 올 것이라는 기대를 했다. 내 예상대로 연락이 바로 왔다. 다음 날 오후 1시에 구로구의 한 사무실에서 면접을 보았다. 사무실만 모여 있는 그 단지는 정말로 오랜만이었다. 그곳의 많은 직장인을 보고 나도 그들처럼 이곳에서 일을 하는 상상을 하곤 했었다.

사무실은 꽤 큰 편이었다. 그런데 사람은 거의 없었다. 나는 어떤 곳일까 궁금했다. 여기 혹시 좀 이상한 곳은 아닐까 하는 두려움도 있었다. 어릴 때 이상한 곳에 면접을 본 적이 있어 괜히 시간 낭비하는 건 아닐까 하는 생각도 했다. 소문난 잔칫집에 먹을 것이 없다고, 공고만 화려하지 막상 가보면 형편없는 곳도 꽤 있었기 때문이다.

사무실에서 나를 반겨주었던 그분은 취업사이트에 공고를 내신 분이었는데 명함을 보니 직책이 지점장이었다. 그분은 정말로 인상이 좋았다. 그리고 다정다감하면서도 이해할 수 있도록 천천히 자상하게 회사 소개도 해주었다.

업무의 요지는 보험영업이었다. (처음 명함을 받았을 때는 법인과 재무설계가 합쳐져 있는 회사라서 보험이라는 것을 몰랐다.) 관공서, 회사, 기업 등에 가서 상품에 대한 브리핑을 하고 계약을 체결하면 되는 것이었다. 주로 직원들이 출근해서 업무시작 하기 전 10분 정도, 점심 식사후 업무시작 전에 10분 정도로 하루 2번 방문하는 것이었다. 서울을 비롯하여 전국의 주요 회사가 영업장소였다.

그런데 이건 좀 다른 보험영업이었다. 내가 흔히 어릴 때부터 알고 있던 보험영업이 아니었다. 각 보험사가 판매하는 보험 상품을 모두 팔 수 있는 곳이었다. (나중에 안 사실이지만 이런 곳을 법인대리점이라고 한다.) 무엇보다도 사람을 만나서 아주 어색한 영업을 할 필요가 없었다. 회사나 관공서 등에 사전에 연락을 해서 일정을 잡아준다고 했다. 상품을 팔 곳을 섭외해 주기 때문에 전전긍긍하며 팔 곳을 생각할 필요가 없었다.

내가 영업을 한다고 가정했을 때 늘 걱정이 되었던 것이 불특정 다수에게 상품을 파는 것이었다. 자신감이 없었다. 사람들에게 싫은 소리를 하는 것도, 내가 상처를 받는 것도 싫었다. 그걸 견딜 만큼의 자존심, 자아가 그렇게 강하지 않기 때문이다. 그런데 이곳은 그것을 걱정할 필요가 없었다.

이것은 기존에 알고 있던 보험영업과 다른 점이기도 하지만 내가 맘에 드는 점이기도 했다. 또 하나는 브리핑, 즉 프레젠테이션이었다. 학교 다닐 때도 내가 자료를 만들고 발표도 해보았고 어학원에 있을 때도 그것에 대한 경험이 있기 때문에 문제가 될 건 없었다. 더욱이 발표 자료도 준비되어 있다고 했다.

❖도전하고 싶지만 지금은 아니다

지점장이 했던 모든 말을 믿어서는 안 된다고 생각했다. 영업하는 사람들이 다 그렇듯이 확대하고 포장했을 거라 생각했다. 당연히 보험영업에 오래 종사했고 이름만 대면 알만한 보험회사에서 10년 넘게 근무하면서 최고의 영예로운 큰 상도 받아본 적이 있다고 하니, 사람을 대함에 있어서도 도의 경지에 올라와 있을 것이 분명했다.

대화 중간 중간에 전화가 왔을 때도 계약을 체결했다고 하면서, 이번에 떨어지는 수당이 100만 원 정도이고 이런 저런 것을 제외하고 나면, 하루에 번 돈은 70만 원 정도라고 하면서 나를 더욱더 끌어들이기 위해 노력했다는 것도 내 눈에는 보였다. (나중에 안 사실이지만 한 달에 700만원을 버는 사람도 있었다. 매달 그렇게 소득을 올리는 건 아니었다. 못 버는 달은 50만원이 안 되기도 했다. 어찌되었든 고소득을 올리는 사람은 있었다.)

일을 함께 하자는 제안에 당장은 대답을 하지 않았다. 입사를 한다고 해도 바로 현장에 나가서 영업을 할 수 있는 것도 아니었고, 시험(생명보험자격시험)도 합격해야 하고 별도의 교육도 받아야 한다고 했다. 그러려면 1

달은 족히 걸린다고 들었기 때문이다. 또한 경험이 아주 없는 나로서는 바로 성과가 나와 높은 수당을 받는다는 보장도 없었다.

지금은 아니지만 도전해보고 싶었다. 인생을 살면서 한 번쯤 영업은 해볼 만한 것이고 배울 점과 깨달음도 많을 거라고 예전부터 생각하곤 했다. 또한 새로운 직업을 갖고 싶었다. 새로운 출발을 하고 싶었다. 어학원을 벗어나고 싶었다. 내 책 〈영어강사로 성공하라(취업에서 창업까지)〉에서도 밝혔듯이 나의 원래 목표가 어학원 강사로 성공하는 것이 아니었기 때문에 더 이상의 미련이 없었다. 꿈을 이루지 못한다면 차라리 돈이라도 많이 벌고 싶었다. 현재 상황과는 맞지 않아서 어쩔 수 없이 다음을 기약하고 집으로 돌아와야만 했다.

❖지금이 바로 도전할 시점이다

이렇게 벌어서 살 수 있을까? 이 길이 정말로 나의 길이 맞는 것인가? 그렇다면 지금이 보험영업을 해 봐야 할 때인가? 이런 저런 생각이 나의 뇌리를 스치는 날이 많았다. 그렇다면 언제가 도전을 해야 할 시기인가가 문제였다. 지금 결정을 내리지 못한다면, 아니 지금 도전을 해보지 못한다면 언제 또 기회가 올까. 고민이었다. 어떤 일이든 한 살이라도 더 어릴 때 해봐야 하는 게 맞는다는 걸 인생을 살면서 깨달았다.

만약에 잘못되어 다시 돌아오더라도, 어학원에서 일을 할 수 있는 부담 없는 나이가 가능할까도 고민의 대상이었다. 정황상 지금 아니면 다음 해로 넘어가야 하는 상황이고 그렇게 되면 안주하게 되어 도전조차 할 수 없는 상황이 되고 인생을 살면서 평생 아쉬운 것으로 남을지도 모른다는 판단이었다. 모르긴 몰라도 갈수록 심적인 부담은 커질 것이다. 지금의 작은 월급에 연연하기보다는 현재의 관점으로 볼 때 미래에 대해 더 비전이 있고 새로운 더 큰 사회로 나가고 싶었다. 그래서 결론을 내렸다. 나가자. 도전해보자. 비록 실패한다고 해도 이 또한 나의 인생이고 분명히 이유가 있을 것이다. 새로운 곳을 향해 날아가자. 나는 그렇게 날갯짓을 했다.

❖기대와 자신감이 가득 찬 첫 출근

설레는 마음을 안고 가볍게 집을 나섰다. 어학원에서 벗어났다는 가벼운 마음이었다. 어학원에서 학생들을 가르치고 함께 고민하는 건 나에게는 즐거운 일이었다. 그렇지만 늘 그랬듯 주변의 여러 가지 일이 나를 괴롭혔는데, 벗어나니 정신적으로 편안했다. 그리고 새로운 일에 대한 기대와 자신감이 가득했다. 이번에는 열심히 해서 나의 판단이 옳았음을 보여주고 싶었다.

사무실의 오전 풍경은 한가했다. 몇 명을 제외하고 아무도 없었다. 그 이유는 모두 다 영업을 하러 나갔기 때문이다. 알고 보니 그 큰 사무실은 4개의 지점이 함께 사용하고 있었다. 지점별로 구역을 정해서 사용하고 있었다. 지금 와서 생각해보면 작은 사무실이었다.

어디를 가나 늘 첫날은 사람들과의 인사로 바쁘다. 본부장이나 다른 팀의 지점장 외 팀원 몇 명 정도와 인사를 했다. 보험회사라서 그런지 예상은 했지만 비교적 사람들의 연령대가 높았다. 30대 후반에서 50대까지 고르게 분포되어 있었다. 지점장은 나에 대해서 많은 자랑을 해놓은 터였다는 걸 나중에 알았다. 그래서 모두가 내가 누구인지 무척이나 궁금했다고 했다. 사실 그런 게 오히려 나에게는 부담으로 작용하기도 했다. 사람들의 기대가 높아지면 실망도 커질 것이기 때문이다.

전혀 다른 분야에서 발휘했던 성과를 새로운 분야에서도 그렇게 할 것이라는 건 일반적인 사람들의 생각이다. 기존의 분야에서 10년 넘게 생활을 하면서, 하나하나 쌓아올려 이룩한 것과 이제 새로 돌을 쌓아올리는 것과 어떻게 같겠는가. 이렇게 보험회사의 첫날은 지나갔다.

❖ 보험영업과 교육업은 다르다

지점장을 비롯해 팀의 구성원들은 내가 뛰어난 능력을 발휘할 거라고 기대했다. 이미 입사하기 전부터 지점장이 나에 대한 자랑을 해서 기대치를 높였기 때문이다. 하지만 나는 부담스럽기도 했지만 이해할 수가 없었다. 왜 강사와 보험영업을 같은 선상에 놓고 보는 것일까. 10년이 넘은 직업과 이제 시작하는, 출발점에 선 보험을 왜 동일시하는 것일까. 나는 밤에 곰곰이 생각했다.

생각해보니 보험영업은 일반적으로 먼저 고객에게 다가가는 입장이고 교육은 고객이 필요에 의해서 먼저 다가오는 입장이 서로 다르다. 한국 사회의 통념상 사람들이 먼저 보험회사에 가서 보험을 가입하는 경우는 드물다. 나도 그랬고 주변의 사람들도 그러했다. 그래서 보험영업은 고객이 갑이 되는 성격이 강하다. 영업사원은 철저하게 을의 입장이 된다.

교육은 강사가 수업을 이끌고 가는 입장에서 갑의 성격도 되고 학부모와의 관계에서는 을의 입장도 된다. 때로는 함께 모여 진로를 고민하는 대등한 관계도 된다. 보험영업은 직접 사람들을 만나서 홍보하고 가입을 권유하러 뛰어다녀야 하지만, 교육은 광고만 내도 학원을 설립해도 자연스럽게 배우겠다고 모인다. 이렇게 보험과 교육은 다르다. 나는 지점장이나 팀원들이 그렇게 기대하는 것이 처음부터 올바르지 않다는 걸 알았다. 수십 번을 얘기해도 그들은 인정하려 하지 않았다. 그들과는 반대로 나는 낙관적인 자세로 바라보지 않았다. 이것도 초반에는 힘들 거라고 생각했고 보험영업은 어떤 성격을 소유하고 있느냐가, 적응하고 성공하는 데 더 필요한 요소로 보았다.

❖모든 것을 내려놓고 깊은 잠을 자다

오랜만에 깊은 잠을 잤다. 잠만 잘 자도 건강하다는데, 나는 그동안 잠을 잘 이루지 못했던 게 사실이었다. 그런데 잠을 푹 자고 일어났으니 이 얼마나 감사한 일인가. 모든 것을 내려놓았기 때문에 이것이 가능했다고 생각한다. 그래 내려놓으면 되는 것이다. 일탈이라는 것의 기분을 느끼기도 했다. 뇌가 받아들이는 것이다. 스트레스에서 벗어나 뇌가 텅 비어있는 그런 상태를 인지하는 것이다. 뇌가 억압에서 벗어난 것이다. 뇌가 인지하니 육체도 이를 알고 편안해진 것이다.

불안과 긴장을 안고 사는 건 비단 나뿐만이 아니라 대한민국에 사는 국민 모두가 그럴 것이다. 아니 소수의 사람은 그렇지 않을 것이다. 어쨌든 이것은 어려운 현실을 살고 있는 모두가 겪는 비참한 상황이다. 그로인해 마음의 병이 생겨 육체도 시들고 마음도 병들어간다. 젊은 나이지만 청춘의 열정도 그래서 꺾이는 것이다. 나 또한 생각해보면 그렇게 살았다. 이제는 개인의 문제가 아닌 사회구조적인 문제에 끼어서 해답 없는 해답을 찾아 헤매다 몸과 마음이 상했다. 이로 인해 아픈 것이다.

모든 청춘이 그런 과정을 겪으며 살고 있다. 이에 마음이 아프다. 하지만 현재는 다시 오지 않기에 지금의 시간이 그만큼 소중한 가치가 있는 것이다. 그래서 감사하게 보내야 한다.

제2장
정말 이런 것인가?

❖믿어야 하나?

규칙적인 교육이 있다고 하더니 별다른 교육은 없었다. 지점장이 직접 가르쳐준다고 했었는데 다소 실망스러웠다. 그런데 생각을 해보아도 그렇다. 지점장이 해야 할 본인의 일이 있는데 어떻게 하나 둘 차근차근 가르칠 수 있겠는가. 나는 체계적인 교육을 상상했는데 이건 아니었다. 그리고 시작하는 위치에 서 있는 동기들과 함께 대화를 하면서 미래를 모색할 수 있는 걸 상상했었는데 이건 나의 착각이었다.

지점장이 회의를 하러 가면 나는 그냥 출근해서 혼자 있어야 하는 날이 많았다. 사무실에 혼자서 할 수 있는 것도 없었고 아까운 시간을 낭비하고 싶지도 않았다. 그런데 어느 날 브리핑 자료가 있다고 해서 사무실에 앉아서 함께 영상을 보았다. 화질도 좋지 않은 그 영상은 보험의 필요성을 느끼게 하는 광고와 실제 영업현장에서의 육성이나 영상이었다.

그런데 내가 그것을 보고 느낀 점은 전문적이지 못하다는 것이었다. 그냥 대충 교육받지 못한 사람이 나가서 주먹구구식으로 물건을 팔아보고자 감언이설을 내뱉는 식으로 들렸다. 정말로 그렇게 해서 상품을 팔았던 말인가. 좀 더 마음으로 사람을 대할 수는 없는 걸까. 그 당시는 왜 그랬는지는 모르지만 나는 그렇게 느꼈다. 그런데 그 자료들은 현재 다른 지점에서 최고의 실적을 내는 사람들의 것이라고 했다. 나는 믿을 수 없었다. 어떻게 그런 방식으로 최고의 실적을 내고 있다는 말인가. 의아해하며 의문을 감출 수밖에 없었다.

❖체계적인 교육이 없다

영상을 보고 느낀 솔직한 생각을 얘기하자 지점장의 반응은 좀 달랐다. 지금 와서 생각해보면 다를 수밖에 없다. 내 의견에 동의는 하지만 20년 넘게 보험을 했던 사람의 입장에서는 수입적인 측면으로 볼 때 당연히 그런 상업적인 멘트를 나쁘다고 생각하지 않을 것이다. 수입적인 측면에서는 어떻게 되었든 팔았다는 측면만을 중요하게 생각하니까. 지점장은 보험의 가치적인 측면을 내세우면서 개개인에게 보험을 팔 때는 그렇게 할 수는 있으나 이렇게 단체의 성격일 때는 좀 다르다는 입장이었다.

나는 진정으로 사랑하는 마음을 강조했으나 지점장은 이것을 받아들이지 않았다. 한 달에 1000만원씩 수입을 올렸던 사람의 영상자료라고 하는데 나는 도저히 믿을 수가 없었다. 브리핑을 하는 발표자료도 그렇고 영상속의 행동이나 말투, 복장 등이 정말로 나에게는 놀라웠다.

정말로 저런 식으로 한 달에 1000만원을 벌었다는 것인가. 의아함 그 자체였다. 지나가던 옆방의 본부장이 나를 보고 한 마디 던졌다. 옆방에서 연습하는 소리 안 들리느냐며 신입들은 처음에 목소리가 쉬어서 나간다는 점을 강조했다.

나는 지금 막 브리핑 자료를 보았기 때문에 무슨 말인지 잘 몰랐다. 직접 그 사람들이 연습하는 걸 보고 싶었다. 그 사람들은 다른 팀에 소속이 되어 있는데 5명 정도가 모여서 서로 연습하고 보완해주는 모습이었다. 자료도 세련되고 멘트도 설득력이 있었다. 누군가 말을 해주었는지 멘트도 정해져 있어 한 마디 한 마디 다 외운 것을 연습했다. 말을 하고 있다고 볼 수는 없었고 외운 것을 그냥 내뱉는 모습이었다.

❖나만의 PT만들기

다른 팀이 브리핑 연습하는 것을 참관하고서, 그들의 자료를 얻어 참고하고 싶었으나 얻을 수 없었다. 팀끼리도 자료를 공유하지 않았다. 그렇지만 참관을 하면서 나는 그들과는 다른, 더 공감되고 현실적인 자료를 만들겠다고 결심했다.

고객을 사랑하는 마음을 담아 진정 고객을 위한 자료를 만들고 싶었다. 진심어린 나의 이야기를 말하고 싶었다. 그래서 지점장에게 며칠 걸릴 예정이라고 하고 출근도 하지 않고 심사숙고해 발표 자료를 만들었다. 기존의 자료를 먼저 분석하고 오래된 자료는 최근의 것으로 대체했다. 그리고 내 생각과 스토리를 담아 독창적인 자료를 만들었다. 15분 분량의 자료 정도면 된다고 해서 핵심적인 내용으로 구성했다. 남이 해놓은 대본으로 외워서 말을 하는 게 아니라 자연스럽게 나의 말을 하려고 나에게 맞게 구성했다. 누가 보아도 전문적으로 보이면서도 진정성이 담겨 있다고 자부했다.

❖각기 다른 관점으로 판단하다

출근해 보니 지점장은 자리에 없고 근무한 지 3달 된 OOO과장이 있었다.(여기는 경력이 없이 연령대에 따라서 대리, 과장, 차장 등의 직급을 준다.) 혹시나 싶어서 먼저 나의 자료를 보여주고 의견을 듣고 싶었다. 그는 센스가 있고 세련되어 보인다고 했다. 적극적으로 지지해주었다. 현장에 먼저 나가 본 경험으로 볼 때 브리핑 자료에 정답은 없다고 했다. 고객에게 잘 전달되고 자신에게 적합한 자료면 된다는 것이다.

그런데 50살의 문턱에 있는 여성 차장은 직접 와서 만든 자료를 보여달라고 하더니 악담을 퍼붓기 시작했다. 무엇이 잘못 되었고 무엇을 어디로 바꾸어라 하면서 자신만의 생각을 펼치기 시작했다. 듣고 있는 내내 화가 났지만 참았다. 그분은 브리핑도 안하고 함께 따라가서 브리핑이 끝나고 나면 상품을 파는 보조자 역할만 하는 분이었다. 그래도 내가 며칠 동안 생각해서 만든 건데 어떻게 그렇게 말을 할 수가 있는 건지 섭섭했다. 그러면서 내가 참관했을 때 가지고 싶었던 자료를 나에게 주었다. 미리 주면 될 것을 왜 지금에서야 주는지 이해가 되지 않았다. 이 자료는 다른 팀의 팀장이 만든 자료라고 했다. 실제 현장에서 호응이 좋은 자료니 개인적인 정보만 조금씩 바꾸어서 사용하라고 했다.

나만의 자료로 지점장 앞에서 브리핑을 했다. 돌아오는 대답은 최하의 평가나 마찬가지였다. 나만의 이야기와 지점장이 최고라고 했던 영상속의 멘트를 모아서 거의 그대로 했다. 그런데 이런 결과라니 좀 황당했다. 발표 자료에 대한 문제부터 시작해서 내가 했던 말 한마디 한마디까지 모든 것에 대해서 지적을 했다. 심지어는 함께 참관했던 그 50대의 차장과 지점장의 의견이 다르기도 했다. 누구의 말을 따라야 할지도 문제였다. 처음이니 그럴 수 있다 생각은 하나 쉽게 납득이 가지 않았다.

다음 발표 때에는 내 자료를 다 없애고 차장이 주었던 자료, 다른 팀의 팀장이 잘 사용하고 있다는 자료로 브리핑을 보여주었는데 지점장은 그것도 별로라고 했다. 난감했다.

지난번에 20대의 젊은 대리가 의견을 구한다며 점심 식사 후에 6명 정도가 모인자리에서 브리핑을 했었는데 그때도 의견이 제각각이었다. 모두 자신만의 관점으로 얘기를 하니 배가 산으로 가는 격이었다. 그런데 문제는 그들은 실제현장에서 브리핑을 하지 않는다는 것이다. 실제 현장은 5분이라는 시간만이 주어질 수도 있고 10분이 주어질지도 모른다. 그들이 어떻게 느끼는지도 모른다. 글자색 하나하나를 볼 시간도 없을 텐데 그들은 글자색 하나하나까지 지적할 정도였다. 같은 음식을 두고도 달다, 짜다, 맛있다, 아쉽다 등 다양한 의견이 존재하는데 그 사람들의 요구에 다 맞추는 건 불가능하다.

❖개성은 없다

매번 브리핑을 할 때마다 달라지는 의견에 도저히 나는 누구의 말을 들어야 할지 몰랐다. 판단력도 사라졌고 나만의 주관도 없어졌다. 이렇게 바꾸어도 안 되고 저렇게 바꾸어도 안 되었다. 그래서 나는 참다못해, 어쩔 수 없이 지점장에게 말을 했다. 지점장님이 원하시는 대로 다 바꿀 것이고 더 이상은 누구의 말도 듣지 않을 것이며 자료도 절대로 수정하지 않겠다고 했다.

하루하루 의미 없는 것에 시간을 낭비하고 싶지 않았다. 나의 개성은 없고 오로지 지점장과 주변 사람의 목소리대로 움직여야 하는데, 나름의 독창성으로 실력 발휘를 해봐야 의미가 없었다. 영업도 나가기도 전에 힘을 다 빼고 쓰러질 지경이었다. 매번 달라지는 지적에 마음의 상처만 더 커지고 있었다.

정말로 생각해보니 그들은 처음부터 나의 개성은 인정조차 하지 않았다. 아니 어쩌면 그곳은 특성상 개성 따위가 인정되는 곳이 아니었다. 그래서 결국 나의 자료는 다 없어지고 기존의 자료를 수정하고 덧붙이고 지점장이 새로 만든 자료를 넣어서 마무리되었다.

매번 즉흥적으로 달라지는 지점장의 멘트도 녹음을 해서 그대로 했다. 내가 꼭두각시라는 생각도 들었지만 이것이 나를 보호하기 위한 현명한 판단이었다. 그렇게 마무리를 지었다. 다 끝나고 나니 분명히 배울 점은 있었다. 조금이라도 내가 발전했다고 믿었다. 감사했다.

❖걱정할 필요가 없다

세상일은 정말로 걱정할 것이 하나도 없다. 왜냐하면 누구도 다가올 내일을 모르기 때문이다. 어떤 변화, 어떤 변수가 있을지 모르기 때문에 긴장할 필요도 없다. 어깨에 힘주고 무거운 마음을 가질 필요도 없다. 다시금 이것을 깨달았다. 내가 경험한 바로는 그렇다. 하지만 최선을 다해야 하는 건 맞다.

내가 그날 일기에 썼던 내용이다. 면접을 보든 발표를 하든 나를 판단하는 주체는 나 스스로가 아닌 다른 사람들이다. 내가 아무리 노력을 했음에도 그 사람의 성향과 맞지 않는다면 나의 노력은 그냥 제로인 결과가 된다.

내가 강사생활하면서도 이와 같은 일을 많이 겪었다. 그래서 걱정할 필요도 긴장할 필요도 없다. 선입견을 가질 필요도 없다. 그냥 최선을 다하면 되는 것이다. 주말도 반납하면서 쉬지도 못하고 잠도 못자가면서 고민에 고민을 거듭한 건 그냥 나만의 만족을 위한 결과가 되어 버렸다.

때론 화나고 아쉽고 짜증이 났지만 어쩔 수가 없었다. 대충 어느 정도의 선에서만 노력했어도 됐을 것이다. 확신 없는 일에 시간을 절대로 낭비할 필요가 없다는 것을 다시 한 번 깨달았다. 나를 평가하는 지점장의 생각을 모르는데, 내가 노력해봐야 가치가 없는 것이다. 목적을 모르는데 열심히 노를 젓고 가는 배와 무엇이 다르겠는가. 사람의 주관이 개입되어 있는 세상일은 걱정할 필요도 실망할 필요도 없는 것이다. 걱정해봐야 내 몸만 아파오는 것이다. 쓸데없이 내 시간만 낭비하고 상처만 생긴다.

어제 TV에서 판타스틱 듀오2를 보았다. 인순이가 자신과 함께 노래 부를 사람을 선택하는데 반전이었다. 갱년기를 극복하고자 하는 연세가 있으신 분과 젊은 노래방 사장님과 여자 경찰이 경연을 펼쳤다. 누가 보아도 젊은 노래방 사장 또는 여자 경찰이 선택받을 걸로 예상했다.

인순이는 가창력을 보겠다고 했다. 그런데 그 가창력은 삶의 애환이 녹아내린 마음이었다. 그래서 결국 선택받은 사람은 갱년기를 극복하고 노래하는 여성분이었다. 주관이 개입될 수밖에 없는 일에는 자신이 최선을 다했다면 걱정할 필요도 실망할 필요도 없다. 내가 상대방의 마음을 알 수 없기 때문이다. 아무리 노력해도 상대방의 마음은 정해져 있기 때문이다. 이렇게 생각하는 게 나를 위해 필요한 것이다. 나를 위로하는 길이다.

❖기대가 크면 실망도 크다

다른 팀을 보니 팀장이 정리된 발표 자료를 주고 교육을 시켜서 바로 현장에 투입하는데, 나는 그렇지 않았다. 그런데 매 순간 순간, 지점장이 나에게 했던 말을 들어보니 나에 대한 기대가 너무 컸다. 책도 출판하고 어학원에서의 활동도 괜찮다보니 수준을 높게 잡았다. 그들은 그렇게 큰 기대를 했던 것이다. 그러니 당연히 실망도 컸던 것이다.

새로운 분야에서 이제 막 시작하는 사람이 잘 하는 것이 오히려 이상한 거 아닐까. 또한 신인이 당연히 받아야 할 합당한 교육도 생략했다. 지점장은 다른 팀의 지점장과 함께 내가 최고의 성적을 거둘 수 있다는 데 절대적으로 동의했다고 했다. 확실한 근거는 없다.

그들은 오랜 영업활동을 했기 때문에 그냥 보면 알 수 있다고 했다. 나에 대한 기대는 감사하나 그건 아무도 모른다고 나는 항변했다. 그러자 그럼 여기서 일하고 있는 모든 지점장의 눈이 다 잘못되었다는 얘기냐면서 나의 의견을 받아들이지 않았다. 그래서 그들은 선입견에 사로잡혀 나를 보통의 사람으로 바라보지 않았다. 자신들의 기대에 부흥하기를 바라며 나에게 채찍질을 했던 것이다.

같은 팀의 과장도 나의 의견에 동조했다. 자신이 처음에 받은 교육과는 큰 차이가 있다고 했다. 요구하는 기준이 너무 크다는 점에 놀랐다.

상대에 대한 너무 큰 기대는 관계를 무너뜨리고 서로 불신만을 키우기 마련인 것을…. 나는 부담스럽고 아쉬웠다.

❖완벽함을 요구하다

실제 영업현장에서 열심히 일을 하고 있는 A과장과 수시로 대화를 했다. 나름 나와는 초창기부터 대화가 통화는 존재였다. 그는 브리핑 자료를 만들 때부터 발표에 이르기까지 나의 모든 것을 보고 들었는데 지점장이나 차장이 나에게 너무도 완벽을 요구한다는 것이다. 자신에게는 그 정도까지는 아니었다고 했다.

그리고 실제 브리핑 영업 현장에 나가보면 기업체나 단체마다의 상황에 따른 변수가 작용함과 더불어 충분한 시간확보도 어렵다고 했다. 현장 상황은 매번 달라진다고 했다. 그래서 아무리 사무실에서 연습해도 현장에 나가면 달라진다고 했다. 다시 말해 사무실에서의 완벽한 연습은 의미가 없다고 했다.

중간 중간에 브리핑 자료를 보는 것도 당연히 가능하다고 했다. 어떻게 발표자가 자료를 보지도 않고 할 수 있느냐는 얘기였다. 내가 생각해도 유명한 사람들의 강의를 보아도 자료를 전혀 보지 않고 말을 하는 사람은 없었다. 어디에 뭐가 있는지 어떤 순서인지조차도 안 보고 하라니 이건 아무리 생각해도 아니었다. 정말로 완벽 그 자체를 요구하는 것이다. 태어나서 이런 완벽을 요구받은 적은 없었다. 세상에 완벽은 없는 것이다.

❖ 모방하라, 변화와 창조는 그 다음이다

　브리핑 발표가 마무리되었을 때 지점장이 나에게 한 마디 던졌다. 다른 지점의 어떤 팀장의 이야기인데 그도 처음에는 나처럼 나름의 방식으로 자료를 만들었다가 결국은 기존의 자료로 돌아왔다는 것이다. 기존의 선배들이 그렇게 했던 데에는 다 이유가 있는 것이며, 그것이 영업 활동에 유리하기 때문이라는 것이다. 그러면서 어떤 한 분야에서 성공하는 법은 남들이 했던 빠른 길로 가는 것이라고 했다.

　순간 나는, 왜 이제야 이런 말을 하는지 이해할 수가 없었다. 처음부터 이런 말을 하고 나를 이끌어주었더라면 쓸데없는 것에 시간 낭비 하지 않을 수 있었다. 자신을 믿고 따라오면 된다고 면접 때부터 줄기차게 얘기를 했었던 것을 무색하게 하는 순간이었다.

　왜 나에게는 창조적으로 해보라고 했던 것인가. 지점장은 이미 다 알고 있었던 것이다. 답을 알면서도 나를 시험하고 훈련시켰다는 생각밖에는 들지 않았다. 화가 나기도 했지만 나는 깨달았다. 어떤 분야든 처음 시작할 때는 성공한 사람의 길을 조사하고 연구해야 한다는 것을. 그래서 나도 그 길을 가봐야겠다고 생각했다. 변화와 창조는 그 다음이라는 것을 깨달았다.

제3장
실제 영업 현장은 달랐다

❖첫 영업 참관

　지점장에게 실제 영업현장을 참관할 수 있도록 부탁했다. 그래서 금요일 마감 때만 사무실에 오고 그 외는 지방에서 생활하는 한 팀의 영업활동을 볼 수 있었다. 아침 7시까지 오산역에 도착해야 해서 새벽 4시에 일어나서 준비하기 시작했다. 새벽 4시에 일어나야 한다는 생각에 잠을 거의 이루지 못했다. 자칫 늦으면 참석이 불가능하기 때문이다.

　태어나서 새벽 4시에 출근을 해본 적은 없었다. 지하철을 타고 가는 길이 왜 그리도 먼지 가도 가도 끝이 없었다. 지하철에서 거의 잠만 잔 거 같았다. 그 이른 새벽에도 지하철에 사람이 있다니 놀라웠다.

　7시에 만난 그들은 조금 피곤해 보였다. 지점장의 전화를 받아서 그런지 아주 친절했다. 남녀가 한 팀이었는데 그들은 거의 지방에서 숙식을 해결한다고 했다. 승용차를 타고 다니면서 전국에서 영업을 한다고 했다.

정말 대단하다는 생각을 했다. 나라면 그럴 수 있을까 하는 생각도 했다.

첫 번째로 간 곳은 변두리에 위치한 회사였다. 섭외자와 약속했던 기업의 담당자가 없어 한동안 연락을 취하며 기다렸다. 약속한 담당자가 없거나 섭외자와 약속이 다르게 전달되어 제대로 영업활동도 못하고 돌아간 적도 많다고 했다.

한참을 기다리다가 사무실의 다른 직원과 연락이 되었는지 운이 좋게도 오전에 브리핑을 할 수 있었다. 9시가 훨씬 넘었음에도 근무하고 있던 직원들이 순조롭게 1층 회의 장소에 모였다. 마침 회의실에 큰 프로젝터도 설치가 되어 있어 무거운 장비를 설치할 필요도 없었다(나중에 내가 직접 영업을 하러 나가서 보니 이 날은 운이 좋았다. 회사에 좋은 고객들만 모였다. 시골의 인심 좋고 정이 많은 그런 고객들이었다).

처음 브리핑을 하는 걸 볼 때는 정신이 없어서 크게 마음에 와 닿지가 않았다. 발표 자료는 내가 볼 때 정말로 허접했던 그 자료를 사용하고 있었다. 하지만 브리핑이 끝나고 나서 보조자의 역할이 정말로 크다는 것을 느꼈다. 30대 여성의 그 과장은 친근하면서도 붙임성 있게 다가가서 보험을 제안했다. 브리핑을 했던 남자 과장은 사실 브리핑 외에는 별로 하는 건 없었다. 각자의 맡은 바 소임이 있었다. 그 자리에서 3건의 계약을 체결했다. 수익률이 높은 저축형 상품으로 생명보험 상품을 팔았다. 하나의 상품을 정해놓고서 그것만 팔고 다니는 거 같았다. 간단한 개인 정보, 납입 보험료, 납입 기간만 받고 오후에 다시 서류를 가지고 오겠다고 하며 장비를 접고 회사를 나왔다. 나는 그들이 하는 것만 가만히 보고 있었다. 거의 아르바이트하러 나온 듯한 모습으로 어색하게 서 있었다.

사무실과 연락을 하고 사진 찍어서 무언가를 보내는 거 같았다. 알고 보니 고객등록을 위한 것이었다. 식당에서 아침 겸 점심을 먹으며 노트북으로 설계를 하고 싣고 다니던 프린트까지 가져와서 인쇄까지 마쳤다. 바인더에 정리하고 사인 받을 곳에 표시도 했다.

모든 서류를 챙기고 서둘러서 다시 기업체로 갔다. 점심을 먹으러 가기 전에 잠시 들러서 고객들에게 오래 동안 말을 했다. 나는 무슨 말을 하는지조차 몰랐다. 그저 몸이 너무 피곤하기만 했다. 어쨌든 모르지만 첫 영업 마무리를 하고 다음 기업체로 이동을 했다.

오후에 예정되었던 회사로 급하게 이동을 했다. 인근의 같은 오산지역 이었다. 이 회사는 겉보기에도 세련된 사무실이었다. 어떻게 누구를 통해서 섭외를 했는지 담당자도 의아할 정도였다. 조금 늦게 와서 그런지 직원들이 일을 하고 있었다.

한 부서의 남자 직원 6명 정도가 있었다. 깨끗하고 정리가 잘 된 회의실에서 브리핑을 했다. 이번에는 여러 장비를 설치해야만 했다. 해상도가 낮은 작은 스크린을 폈는데 햇빛이 들어와서 잘 보이지도 않았다. 더욱이 바쁘기 때문에 최대한 빨리 해달라는 주문도 있었다. 정신없는 브리핑이 이어졌다. 화면은 거의 보이지 않았고 도무지 무슨 말을 하는 건지도 모를 정도였다.

정신없이 이루어졌음에도 젊은 직원들은 질문을 많이 했다. 처음에는 썰렁한 분위기가 이어졌지만 30대 여과장의 영업력으로 분위기가 달라졌고 젊은 직원들은 다양한 질문을 했다. 그들은 가입할까 말까를 망설이기도 했다. 어떤 고객은 일단 설계해서 다시 방문하는 걸 약속 받았다. 이번에도 보조자의 역할이 컸다는 걸 느꼈다. 바로 고객에게 다가가는 그녀의 태도였다. 이 회사에서의 계약은 없었지만 일단 설계를 요청하는 고객이 있다면 50%는 성공한 것이나 다름없다고 그들은 말했다. 피곤한 몸을 이끌고 다시 서울 회사로 복귀했다.

❖영업현장에서 느낀 5가지 깨달음

실제 현장에서 영업을 하는 것을 보니 사무실에서 연습을 했던 것과는 달랐다. 역시 나의 생각이 맞았다. 학생도 없는데 혼자서 강의실에서 연습만 하는 것과 실제 현장에서 가르치는 것과 전혀 다른 그런 차이였다. 현장의 분위기에 따라, 모인 사람들에 따라, 어떤 장소냐에 따라 브리핑은 달라졌다. 3년 정도 일했던 과장은 여유로워 보였다. 그리고 성실하게 계약을 이끌어내는 보조자의 기술 또한 최고의 궁합이었다. 상호보완이 너무도 잘 이루어지고 있었다. 이렇다 보니 나중에는 서로 혼자 하는 걸 모색한다고 했다.

내가 현장을 보면서 느낀 점은 5가지였다. 첫째, 발표 자료를 안 보고 말을 하는 건 아니었다. 순서를 보기도 하고 자료를 보면서 강조하기도 했다. 둘째, 보조자의 역할이 절대적으로 중요하다. 셋째, 나에게는 현장 경험이 풍부한 멘토가 절대적으로 필요하다. 그 멘토와 팀을 이루어 함께 영업을 하러 나가야 한다. 넷째, 자동차에 모든 장비를 싣고 다녀야 한다. 스크린, 노트북, 바인더, 프린터 등 영업에 필요한 모든 것을 가지고 다니면서 단 몇 시간 내에 서명을 받아야 한다. 다섯째, 회사와의 섭외가 신뢰가 있어야 한다. 대충 잡은 섭외는 시간 낭비, 인력 낭비, 에너지 낭비가 된다. 그날은 새벽에 일어난 보람도 없이 허탕을 치는 날이다.

소중한 경험이었다. 아쉬운 점은 내가 묻지 않는 건 그들은 말해주지 않는다는 것이다. 그들도 영업하느라 정신이 없어서 속 시원하게 이것저것 다 자세하게 배울 수는 없었다. 큰 맥락의 관점에서 볼 수 있었다. 새벽 4시부터 움직였던 하루가 밤 6시가 되어서야 마무리되었다.

❖보조자의 역할로 영업 참여

　보조자가 해야 하는 일은 현장에 가서 미리 담당자와 연락을 하고 사람들을 모아서 브리핑을 할 수 있는 환경을 만들어야 하는 것이다. 대화가 끝나면 서둘러서 회람을 돌리며 가입을 유도하는 것이다. 보조자의 역할로 한 번 나가게 되었다. 실습 차원이었다.

　서울 마포의 한 법률 기관이었다. 브리핑을 담당한 20대의 대리가 전날 밤부터 출근하는 아침까지 전화를 했다. 내가 처음이라서 늦게 올까 봐 걱정이 됐나 보다. 9시에 약속이 잡혀 있었지만 8시 20분부터 기다렸다. 전화를 했는데 받지 않았다. 기다리고 전화하기를 반복했다. 나는 최선을 다하고 싶었다. 오늘 하루 계약을 체결해서 빈손으로 가고 싶지 않았다.

　9시가 되었음에도 연락이 되지 않아 어쩔 수 없이 사무실로 바로 올라갔다. 근무시간이 넘어버리면 아무것도 할 수 없기 때문이다. 올라가서 섭외했던 담당자를 찾으니 좀 당황하는 표정으로 바라보았다. 사무실은 굉장히 분주했다. 약속을 해놓고서 직원들에게는 얘기조차 해놓지 않은 상태였다.

　나는 사무실을 돌아다니면서 조금만 시간을 내달라고 했다. OO은행에서 나왔는데 금융 지식, 금융상품 그리고 재테크 노하우를 알려드린다고 하면서 직원들을 모았다. 회의실에서 하기로 되어 있었지만 직원들이 바쁘기 때문에 중앙의 작은 소파 앞에서 할 수밖에 없었다. 아주 어색한 분위기였다. 5명이 모였고 나이가 많은 직원들은 뭐냐고 하면서 참석도 하지 않았다. 직급이 있는 분들이 참석을 하지 않으니 아랫사람은 눈치가 보여서 그런지 직원들은 불안하고 불편해 보였다.

나는 내가 맡은 바 임무를 성실히 수행했다. 그런데 이런 분위기 속의 영업은 정말로 힘들었다. 더욱이 스크린도 없이 그냥 책상에 노트북을 펼쳐놓고서 브리핑을 진행했다. 무슨 말을 하는 건지 도무지 이해가 되지 않았다. 급하게 하다 보니 핵심도 전달이 잘 되지 않았다. 브리핑을 하는 그 대리의 말하는 말투가 공격적이어서 더욱 그랬다.

그렇게 급하게 끝이 나자마자 고객들은 말도 없이 일을 해야 한다면서 흩어졌다. 회람은 보려고 하지도 않았다. 섭외를 약속했던 40대의 사무장이라는 사람은 가지고 있는 보험은 없다고 했으나 눈치가 보이는지 생각해 보겠다고만 했다.

무거운 분위기 속에서 나는 더 권유할 수가 없었다. 아니 그 사람이 다른 상사의 눈치가 보여서 말을 못하고 있으며 난처해하는 마음을 알기에 더 권유하고 싶지 않았다. 아마도 그 사람은 우리가 가고 난 후에 왜 말도 없이 이런 영업을 허락했냐고 하면서 지적을 받을 수도 있기 때문이다.

그 사람도 섭외에 사은품을 준다고 하고 좋은 정보라고 해서 허락을 했는데 막상 와보니 영업이라는 사실에 당황도 했을 것이다. 그렇게 아무런 성과도 없이 나오는데 너무도 허무했다. 나는 맛있는 빵도 사은품으로 주면서 감사에 보답하려 했는데 현실은 너무도 달랐다. 아쉬웠다. 제대로 상담할 기회도 없었다는 것이 너무도 아쉬웠다. 현실이 만만치 않다는 것을 실감했다.

❖영업을 시작하다

1. 실망한 첫 번째 회사

설레는 마음을 안고 잠도 제대로 이루지 못한 채 새벽 5시에 일어났다. 정신을 바짝 차리고 반드시 좋은 결과를 이루어 내리라 다짐을 했다. 날이 밝지 않은 새벽이라 배가 고프지 않지만 대충 식사를 하고 양복을 잘 차려 입었다. 무거운 노트북과 어깨에 짊어진 가방이 하나도 무겁게 느껴지지 않았다. 열정과 도전정신으로 힘이 솟구쳤나 보다.

내가 자동차가 없기 때문에 보조자(50대 여성, 차장)가 사는 곳으로 가서 함께 차를 타고 수원으로 이동을 했다. 아침 9시로 섭외가 되어 있지만 도착한 시간은 8시 10분이었다. 너무 일찍 도착했다. 건물 지하 주차장에서 기다리는데 춥고 피곤이 몰려왔다. 잠을 자면 안 될 거 같아서 올라가서 기다리기로 했다.

회사는 아직도 문이 닫혀 있었다. 담당자에게 전화를 해보니 일찍 왔다고 하면서 바로 도착할 거라고 했다. 회사의 상무라고 소개한 그 분은 보자마자 이렇게 무거운 장비를 들고 어떻게 올라왔냐고 하면서 반겼다. 사무실에는 정말로 아무도 없었다.

상무가 하는 말이 회사가 탄력근무제라서 일찍 출근하는 사람이 거의 없다고 했다. 처음 섭외자로부터 전화가 왔을 때 전체 직원은 15명이지만 참석할 수 있는 사람은 상무 본인밖에 없다고 하며 거부했으나 다짜고짜 들어보면 좋은 정보라고 하며 무조건 보내겠다고 했다는 것이었다.

그런데 섭외자는 직원 15명이 참석할 예정이라고 했다. 첫 영업, 첫 번째 고객부터 정말로 김이 빠졌다. 실망감이 컸다. 상무는 나이가 많은데다가 이미 보험도 가입되어 있다 보니 보험 상품에는 관심조차 없었다.

"일단은 들어나 봅시다."라고 해서 첫 브리핑을 했다.

관심이 없는 그 사람은 대충 듣는 둥 마는 둥하면서 살기가 더 힘들어졌다고 했다. 은행의 기준금리나 노후자금을 얘기할 때는 건성으로 들으며 큰 틀에서 말을 하곤 했다. 마치 그냥 기분전환으로 듣는 그런 표정이었다. 무언가를 배우려고 하는 거보다는 힘들게 왔으니 대충 듣고 보내자는 표정이 역력했다.

브리핑이 끝나자 자신은 이미 준비가 되어 있고 지금 상품보다 훨씬 금리가 높은 상품을 가지고 있다고 했다. 7퍼센트의 높은 금리 상품을 가지고 있다고 하니 할 말이 없었다. 그냥 잘 가입하셨다는 말밖에 할 수 없었다. 그 외 여러 권유 섞인 말을 덧붙였으나 소용이 없었다. 허긴 내가 생각해도 그분은 연세가 있으니 지금의 상품이 필요 없었다. 그리고 이율이 더 높은 상품을 가지고 있기 때문이다.

정말로 허무했다. 상품을 팔고 못 팔고를 떠나서 제대로 된 영업도 하지 못한 것에 허무함을 느꼈다. 사람조차 없는데 이 먼 길을 아침 일찍부푼 기대를 하고 왔는데 아무런 보람이 없었다. 섭외자를 이해할 수 없었다. 어찌되었든 이렇게 되면 책임은 우리의 탓이 되는 구조다. 섭외자는 섭외를 해서 전달했고 상품은 우리가 팔지 못했다는 결론으로 다다른다. 무거운 장비를 들고 내려오는데 기분이 정말로 좋지 않았다.

2. 허무한 두 번째

그렇게 첫째 날의 첫 브리핑은 정말로 아무것도 없이 허망하게 끝났다. 기분은 좋지 않았지만 다시 용기를 냈다. 두 번째로 도착한 곳은 경기도 광주의 공사현장이었다. 차장이 길을 잘 못 찾아서 엉뚱한 곳에서 쉬다가 보니 이곳이 아닌 거 같았다. 내가 아무리 주변을 찾아 돌아다녀 보아도 없었다. 다시 차로 움직여서 찾고 또 찾다가 변두리의 공사현장으로 갔다. 변두리 쪽에 위치해 있었는데 산을 깎아서 아파트를 짓고 있었다.

이곳 역시 1시간 먼저 도착해서 기다렸다. 공사장의 먼지를 마시며 기다렸다. 공사장에서도 섭외장소를 찾는 데도 힘들었다. 전화를 해보니 직원들이 식사를 하고 1시 30분은 되어야 들어 올 거라고 해서 기다리고 또 기다렸다. 잠시 기다리는 도중에 인근 회사에 가서 영업을 할 수 있나 살펴보기도 했다.

시간에 맞추어서 갔더니 그곳은 공사현장으로 가건물로 된 사무실이었다. 현장에 나가서 직접 일을 하고 있는 사람들이었다. 허름한 그곳에서 4명을 앉혀놓고 시작했다. 아침 일을 잊고 열심히 자료를 보고 설명했다. 좋은 분위기가 이어졌다. 사은품도 주면서 집중도를 높였다.

브리핑이 끝나자마자 이게 또 무슨 일인가. 전체회의가 있다고 해서 급하게 장비를 챙겨 사무실을 나와야만 했다. 권유도 못하고 질문도 받지 못했다. 먼지만 배부르게 먹고 남은 건 아무것도 없었다. 실적도 제로, 기력도 제로였다. 그냥 하루 시간 낭비만 한 꼴이 되었다. 서울로 돌아오는 길은 그냥 쉬고 싶은 생각밖에는 들지 않았다. 너무도 피곤해서 지하철에서 그냥 잠들어 버렸다.

3. 이미 왔었구나

어제의 일은 잊어버리자. 그런 경험은 당연히 있을 수 있다고 하면서, 다시 한 번 파이팅을 외치며 출발했다. 새벽 5시에 일어난다는 건 쉬운 일이 아니었다. 오전에 잠을 잘 수 있는 대다수의 직업이 부럽기도 했다. 수원에 도착했으나 시간은 1시간이 남았다. 문제는 내비게이션을 통해 도착한 장소에 그 회사가 없다는 것이었다. 배가 고프지만 이리 저리 뛰어다녔다. 섭외자도 전화를 받지 않고 그 회사도 출근 전이라서 전화를 받지 않았다. 한참을 더 기다리고 찾아다녀서 결국 찾아 들어갔다.

이곳은 의약품 영업을 하는 작은 소매상이었다. 허름한 작은 사무실에 브리핑 형태의 보험이 참 많이 왔었다고 했다. 사장이 좀 개방적인 거 같기도 했다. 아니 서로 영업을 하기 때문에 서로 알리자는 그런 차원이기도 한 거 같았다.

사장실에 5명의 남자 직원이 모였다. 회의용 테이블에 노트북을 펼쳐 놓고서 브리핑을 했다. 어제의 일은 잊어버리고 반드시 좋은 결과가 있을 걸 기대하면서 열정적으로 설명했다. 중간에 퀴즈를 내기도 하고 사은품도 주면서 분위기를 더욱 끌어올렸다. 금융정보나 재테크 방법에 대해서 들을 때는 집중력과 관심도가 높아졌으나 마지막에 보험으로 상품설명이 이어지자 서로 눈치를 보면서 실망의 눈빛을 주고받았다. 결국은 상품을 팔려고 한다는 차가운 눈빛을 교환했다.

그 분위기를 잊을 수가 없다. 설명이 끝나고 상품회람을 주면서 가입을 권유하나 내 마음대로 되지 않았다. 2분 정도 서로 질문을 하는데 다른 업체에서도 왔었던 경험이 많고 비슷한 내용이라고 하면서 사람들이 나갔다. 1명은 보험 가입을 했다가 생활이 힘들어서 해지를 했는데 많은 손해를 봤다면서 거절했다. 다른 한 명은 망설이면서 다양한 질문을 던졌다. 5만원의 보험료도 아깝다는 그들이 나는 더 안타까웠다. 5만원이 아까운 건지 우리를 신뢰하지 않는 건지에 대한 의문도 있었다. 아니면 고객을 설득하는 기술이 부족할 수도 있었다. 더 열정적으로 임했으나 아무런 결과도 없었다.

4. 실망스러운 섭외자

섭외 담당자들은 정말로 많다. 작은 사무실에 앉아 다양한 자료를 통해서 섭외를 잡고 알려주는데 일부 섭외 담당자는 어떻게든 잡아놓고 보내자는 생각을 한다. 결국 피해를 보는 건 직접 새벽에 일어나서 희망을 갖고 열심히 일을 하려고 하는 나와 같은 사람들이다.

어떤 날은 3곳을 섭외해서 알려주었기에 오늘은 한 건이라도 달성하겠노라 다짐을 했다. 오산의 한 회사는 내비게이션에도 제대로 나와 있지 않아서 찾느라 힘이 들었다. 늦게 도착하지 않기 위해서 서둘러서 일찍 도착했는데 깊은 변두리의 가건물이었다. 직원은 3명이 전부였다.

사장은 OO은행에서 금융정보를 홍보하러 온 걸로 알고 있었다. 마땅한 장소가 없어 작은 책상에 노트북을 놓고서 브리핑을 했다. 사장은 잠시 보더니 그냥 사장실로 들어가 버렸다. 직원들은 미리 얘기도 듣지 못했고 사장이 들어보라고 하니 비자발적으로 참여한 것이다.

사장이 없으니 당연히 직원들은 냉소적인 표정을 지었다. 은행에서 나왔다는 것도 금융상식과 재테크 정보를 주는 것도 실제가 아니었다는 표정을 지었다. 결국 상품을 팔러 왔다는 것에 사장은 굳은 표정을 지었다. 직원들도 전문성 없이 영업하는 사람들, 아니 장사를 하러 돌아다니는 사람들이구나 하는 눈빛으로 나를 내려다보았다. 내가 왜 이렇게 해야 하나 하는 생각이 들었다. 사실 나는 양심이 허락지 않았다. 괜히 사기를 치는 그런 느낌이어서 물건을 팔고 싶은 마음도 없었다.

실망할 시간도 없이 급하게 또 다른 회사를 찾아갔다. 이곳 역시 변두리에 위치해 있었다. 담당자인 OO실장은 출장으로 연락이 되지 않았다. 회사로 전화를 해보니 직원도 몇 명 되지 않는 작은 회사였고, 사장은 그런 얘기를 들은 적도 없다고 했다. OO실장과 통화했던 사장은 그런 적

없다고 하면서 전화를 끊어버렸다. 멀리에서 왔으니 잠시라도 금융지식과 재테크 정보를 전달해주겠다고 했음에도 거절당했다. 앞마당에 서서 그저 회사를 바라볼 수밖에 없었다.

오산의 한 아파트 단지에 있는 피아노 교습소 원장을 만났다. 그 원장은 나의 신분에 대해서 궁금해 했다. 상품에는 관심이 있었다. 자신은 인근의 은행에서 좋은 금융정보를 알려주고자 방문하는 것으로 알고 있었다. 그런데 은행 직원도 아닌데 어떻게 섭외자가 자신의 전화번호를 알고 전화했냐고 하면서 불쾌감을 드러냈다. 신뢰하지 않았다. 원만하게 해결하고 가상설계를 해서 다시 그 먼 길을 갔으나 다시 신뢰성을 문제 삼으면서 거의 문전박대를 당했다. 나만 이상한 사람이 되었다.

오산의 유명한 빵집의 이야기다. 나름 규모가 있어 갔는데 담당자는 낮에 직원들이 쉴 수 있는 시간이 없다고 하면서 죄송하다고 했다. 그런데 알고 보니 섭외자는 자신을 은행의 지점장으로 소개를 하고 약속을 잡은 것이다. 허위 과장된 거짓말로 섭외만 잡고 보는 식의 섭외자로 인해 참 한숨이 나고 답답했다. 나는 희망을 갖고 정말로 고객에게 필요한 상품으로 접근을 하는데 현실은 상반되었다. 시작부터 신뢰성이 보장되지 않다 보니 나의 열정 또한 사그라졌다.

5. 2번 연속으로 허탕 친 회사

2번 연속으로 허탕 친 회사도 있다. 강남의 한 회사다. 6개 층을 전부 사용하고 있는 나름 괜찮은 중소기업이었다. ㅇㅇ부장과 약속을 해놓았다고 해서 전화를 하니 받지 않았다. 약속 시간도 중간에 아무것도 할 수 없는 애매한 1시였다. 약속시간보다 먼저 도착해서 기다리다가 전화를 해보니 직원이 하는 말이 부장은 오늘 사장과 약속이 있어 나가고 없다고 하면서 누구인지를 물었다. 금융정보 관련해서 홍보하고자 약속이 되어 있다고 하니 연락받은 게 없다고 했다. 부장이라는 사람도 그런 약속 없다고 하며 냉소적으로 다시 잘 알아보라고 했다.

섭외자는 그럴 리가 없다고 하면서 일단 다음에 다시 알려주겠다고 했다. 나는 그 더운 날에 하루를 그냥 보냈다. 강남에 양복 입고 무거운 노트북과 자료를 준비해서 갔는데 허무했다. 아니 도대체 섭외가 제대로 되지 않으니 아무런 일도 할 수 없었다. 허탕 치는 게 대부분이니 어떻게 성과가 나올지 답답하기만 했다.

섭외자에게 연락이 와서 2일 후에 다시 방문했다. 이번에는 허탕치고 싶지 않아서 전화도 하지 않고 바로 사무실로 올라갔다. 사람을 본다면 그렇게까지 내치지는 않을 것 같았다. 사무실에는 다들 식사하러 갔다고 했다. 1시라고 해도 이 사무실의 식사시간은 다르다고 했다.

2명의 남녀가 있었는데 나에게 짜증을 냈다. 나를 완전히 잡상인 취급했다. 한쪽 작은 회의실에 들어가서 기다리라고 했다. 그러면 부장님이 오시면 말씀드리겠다고 하면서 두 사람은 잠을 잤다. 젊어 보이는 부장이라는 사람이 회의실로 들어오더니 나를 째려보았다. 그러면서 마치 경계 대상 1호인 듯 나를 대했다. 잡상인은 절대로 잠시라도 시간을 낼 수 없고 회사에서도 광고성 판매원을 들일 수 없다는 것이었다. 자존심은 허락지 않았지만(정말로 살기 위해서, 영업이 원래 이렇게 힘들다는 것이라고 나 스스로를 위안하면서) 어쩔 수 없이 잠시 듣기만 하면 된다고 말을 했다. 결과는 너무도 비참한 거절이었다. 그 사람의 얼굴과 말투를 지금도 잊을 수가 없다.

나는 그냥 나올 수밖에 없었다. 섭외자는 나에게 책임을 떠넘겼다. 약속을 해놓았으면 어떻게든 판매를 하고 와야 한다는 것이다. 그들을 구워삶아서라도 브리핑을 하고 와야 한다는 것이다. 정말로 어이가 없었다.

할 말을 잃은 나는 별말을 할 수 없어 참았다. 지점과 섭외 담당자들이 상생의 관계임을 알기에, 소문이 이상하게 나면 섭외를 주지 않을 것을 대비해서 좋게 넘겼다. 그냥 다 내 잘못인양 썩은 미소로 넘겼다.

6. 보험 상품으로 흐르니 분위기는 반전된다

종각에 위치한 한 회사의 경험이다. 내가 언젠가 지나가면서 이런 좋은 건물에는 누가 근무를 할까 부러워했던 바로 그 건물이었다. 파트너 없이 혼자 하겠노라 독립을 선언한 후 방문하는 첫 회사였다.

8시 30분쯤에 도착해서 한 직원에게 얘기를 하니 알아들었다는 듯이 사람들을 회의실로 모았다. 담당자는 오늘 휴가라 출근하지 않았지만 주변의 직원들에게 얘기를 아주 잘 해놓은 상태였다. 깔끔한 회의실에서 노트북을 펼쳐들었다. 내가 OO은행에서 나온 걸로 알고 있는 부장은 나를 보자 자신도 같은 은행에서 거래를 하고 있다고 하면서 이율에 대해서 묻기도 했다. 사실 나는 대답할 수가 없었다. 내가 은행 직원이 아니기 때문이었다. 섭외 담당자가 그렇게 잡아놓았는데 아니라고 하기에도 이상하고 그렇다고 하기에도 양심이 허락하지 않았다.

즐겁게 웃으면서 브리핑을 진행했다. 들어가기 힘들 직장이라서 그런지 몰라도 모두가 허물없이 잘 지내는 것처럼 보였다. 세계 경제의 흐름과 재테크 정보에 대해서 잘 받아들이고 수긍하는 모습이었다. 그런데 후반부로 가면서 상품 설명이 나오면서 사람들은 웅성거리기 시작했고 분위기는 냉랭해졌다. 사실 나도 이런 적이 한두 번이 아니라서 기분이 좀 안 좋기는 하지만 그러려니 하고 마무리를 했다.

하지만 한 직원이 인터넷을 검색하더니 금감원에서 종신보험을 저축상품으로 파는 것을 근절시키겠다는 기사를 보며 크게 얘기했다. 나를 보고 간접적으로 얘기한 것이다. 나는 별로 할 말이 없었다. 얼굴이 화끈거렸다. 사람들이 실망한 모습이 보였다. 그리고 곧바로 그들은 말없이 회의실을 다 나가버렸다. 어떤 말도 할 수 없을 정도로 나도 당황스러웠다. 허무했다. 내가 죄를 지은 기분이었다. 그렇게 간단하게 인사를 하고 나왔다.

이후에 지점장은 모든 것을 나의 잘못으로 돌려 섭섭하기도 했다. 그런 상황에서 영업을 하고 상품을 팔고 오는 사람이 있을까. 하지만 이것 또한 어떻게 보면 내가 모르는 사회 현실을 알려주는 경험이기도 했다. 세상살이가 정말로 쉽지 않다는 것을 가르쳐주는 것이다.

7. 하늘만 바라보다

분당의 한 회사를 갔을 때의 이야기다. 회사를 방문했을 때 담당자는 나를 격하게 반겼다. 기다렸다는 듯이, 아니 기대를 많이 한 것이 표정과 행동에서 드러났다. 정중하게 차도 주면서 브리핑을 할 수 있는 회의실을 이리저리 알아보았다. 마땅한 장소가 없어 옥상에서 진행했다. 3명의 남자는 똑같이 재테크에 관심이 있었다. OO은행이라고 하니 분명히 엄청나게 기대를 했을 것이다. 당연히 그럴 것이다. 은행에서 친히 자신들에게 정보를 주려고 만나러 왔다고 하니 얼마나 반가워했을까. 하지만 그것도 잠시였다. 기대가 크면 실망도 큰 법이다.

그렇게 좋던 분위기가 후반부에 들어 상품 판매 얘기가 나오자 얼굴이 서로 굳어지기 시작했다. 그러면서 브리핑이 끝나자 생각해보겠고 지금 바쁘다고 하면서 나를 혼자 남겨두고 옥상에서 사라졌다. 이렇게 허무할 수가 없었다. 점심도 제대로 못 먹고 약속장소를 힘들게 찾아서 갔는데, 열심히 하고서 수고했다는 말 한마디도 제대로 듣지 못했다. 그 이후에 수지구청 앞 넓은 벤치에서 몇 시간을 하늘을 바라보며, 사람을 바라보며 나의 삶을 생각했다.

8. 영업의 첫 번째 덕목을 모르는 보조자

내가 일을 하면서 느낀 건 브리핑을 하는 사람과 보조자의 역할 분담이 명확해야 한다는 것이다. 각자의 역할이 서로 조화를 이룰 때 최상의 결과의 얻을 수 있다. 보조자는 섭외가 잘 되었는지, 장소가 어디인지를 분명히 파악하고 현장에 가서는 브리핑을 할 수 있도록 사람을 모아야 한다. 브리핑 중간에 사은품을 준다든가 상품설명서를 주면서 흐름에 맞게 고객에게 접근해야 한다. 브리핑이 끝났을 때는 상품에 대한 장점을 부각하면서 가입할 수 있도록 권유해야 한다.

그런데 내가 처음으로 함께 팀을 이루었던 보조자는 그렇지 않았다. 담당자와 연락을 취하는 것, 장소를 찾는 것, 사람들을 모으는 것, 사무실에 보고해야 하는 것 등을 내가 다 했다. 자신의 역할을 제대로 수행하지 않았다. 그분은 나뿐 아니라 여러 명의 사람에게 신임을 잃었는데 내가 초보이기에 또 함께 하게 되었다.

이분의 가장 큰 단점은 부정적인 사고방식이었다. 늘 차를 타고 다니면서도 부정적인 말을 하고 부정적인 생각을 하면서 짜증을 냈고 이는 나를 힘들게 했다. 영업이 갖추어야 할 첫 번째 덕목이 긍정적인 사고방식이라는 것을 그분은 전혀 알지 못했다. 그분이 하는 일은 그냥 브리핑할 때 뒤에 서 있는 것이었다. 자식들을 다 키우고 부담 없이 일을 한다고는 하지만 너무도 열정이 없었다.

더욱이 영업은 인상이 좋을수록 좋은데 그분의 인상이 여자로서 너무 강했다. 그리고 겸손보다는 거만함이 묻어져 나왔다. 나와는 전체적으로 어울리지 않았다. 나는 처음부터 그분과는 영업을 하면 안 될 거라는 것을 오감을 통해 느꼈다. 지점장이 나가라고 하니 거절할 수 없어서 나갔지만 결국은 아무런 도움도 되지 않았다. 그래서 함께 일을 했던 사람들도 차라리 혼자서 영업을 하겠다고 하는 것이다. 내가 완벽하다는 것은 결코 아니다. 나도 부족한 점이 많았다. 그렇기 때문에 더욱 서로 노력하면서 맞추어가야 하는 것인데, 그런 면에서 나와는 정말로 일을 할 수 없는 상황이 되어서 팀이 해체되었다.

❖열정과 전략을 결합하자

영업초기에는 누구나 다 열정적이다. 나 역시 그랬다. 원대한 희망이 마음속에 자리 잡고 있기에 어떤 고난이 닥쳐도 견디고 목적을 달성하겠다고 다짐하면서 일을 한다. 그런데 내가 살면서 경험을 해보니 세상은 열정만 믿고 전진하는 건 장기전에 장애가 될 수 있다는 걸 깨달았다.

나는 약속된 회사에 일찍 도착해 잠시 기다리는 중간, 중간에도 기업체에 무작정 들어갔다. 담당자를 만나서 상품을 설명하려 했고 브리핑을 할 수 있는 기회를 얻으려 했다. 보건소에 들어가서 의사, 간호원에게도 즉석에서 노트북을 펼쳐들고 설명을 했다. 한 번도 가보지 않은 편의점, 식당, 마트 등에서도 상품을 팔아보고자 명함을 주었다. 상대가 누구든, 상대방이 어떻게 생각하든지 관계없이 열정만 믿고 밀어붙였다.

하지만 이건 결국 올바른 방법이 아니라는 결론이 섰다. 왜냐하면 빨리 지쳐버린다. 사람에게 받는 상처는 깊어진다. 나중에는 상대방이 자신을 이상한 사람으로 오해도 한다. 자주 왕래하는 곳은 더욱 그렇다. 편견이 강한 보험 얘기를 하는 건 위험하다. 평소의 좋았던 이미지도 변한다. 가능한 길게, 오랫동안 가려면 그 열정을 조금씩 쓰면서 전략적으로 접근하는 현명한 방법이 필요하다.

❖자신도 회사의 노예이면서

다양한 곳에서 나를 밀어내고 무시하는 사람들이 꽤 있었다. 일산의 공기업에 갔을 때는 사람들이 나를 쳐다보지도 않았다. 경기도 시의회의 한 사무실 직원은 점심 먹고 와서 쉬고 있는데 왔다면서 짜증을 내기도 했다. 비가 억수같이 내리는 날에 비를 뚫고 새벽에 일어나 조금 벌어보겠다고 나온 사람에게 얼굴을 붉히며 언성을 높이는 사람도 있었다.

브리핑을 할 때는 자료를 보고 그건 아닌 거 같은데 하며 비아냥거리는 사람도 있었다. 그냥 넘어가도 될 것을 의심의 눈초리로 폄하하기도 했다. 이런 현상은 앞에서 얘기하는 사람을 받아들이려 하지 않고 자신보다 낮게 보려 하기 때문에 발생한다. 자신이 만나고 싶은 유명한 인문학자가 나와서 강연을 한다면 일단은 받아들이자는 생각으로 대한다. 설령 아닐 수도 있어도 섣불리 그 자리에서 말을 하지 않는다.

내가 하고자 하는 말은 그 사람들이 그렇게까지 할 필요가 있을까 하는 것이다. 따지고 보면 그 사람은 얼마나 잘 났을까 하는 것이다. 알고 보면 자신도 늙고 병들어가는 것이 두려워 보험 하나쯤은 가지고 있다. 자신도 빚을 갚느라 고생하고 있고 이 회사를 언제까지 다녀야 하나 하고 사표를 몸에 지니고 다닐 것이다. 자신도 나처럼 어머님이 애지중지하면서 키우셨을 것이고, 자신의 자녀들도 제발 아프지 말고 건강하게 성장하기를 바랄 것이다. 자신보다 더 잘 살기를 바라는 마음으로 빚을 내서라도 남들보다 더 잘 가르치려고 애쓰고 있다.

보험도 직업의 일종이다. 돈을 버는 방식이 다를 뿐이다. 그 사람들이 나와 그렇게 다르지 않은데 나를 그렇게 하찮게 대하는 것이 유치하게 느껴졌다. 그래봤자 그들도 회사가 시키는 대로 일을 하는 노예이다. 같은 노예끼리 더 잘 낫다고 무시하는 것이 아닌가.

세상을 좀 더 넓게 보고, 아니 사람의 삶을 깊게 내려다보고 보험영업도 직업으로 인정해주고 받아주면 되는 것이다. 그들은 왜 그럴까 하는 생각을 했다. 말 한마디라도 배려해주면 어떨까 그런 생각을 했다. 인생을 살아보니 타인에 처한 상황을 보고 "나는 절대로 그런 상황에 처하지 않을 거야"라고 해도 언젠가는 그 상황에 처할 수 있는 것이 사람의 인생이다.

나를 무시했던 그들도 먼 훗날 나이가 들어 보험영업을 안 한다고 장담할 수는 없는 것이다. 지구상의 같은 공기를 마시며 지구라는 같은 행성에서 같은 삶을 사는 사람에게 말 한마디라도 배려하고, 그 사람을 깊게 바라보는 자세가 필요하다. 이는 내가 하루 종일 허탕치고 공원벤치에 앉아서 멍하니 맑은 하늘을 바라다보며 했던 생각이다.

❖정말로 이렇게까지 해야 하나

인천의 한 대학교에 갔다. 새벽에 일어나 그 먼 길을 오로지 희망 하나만을 안고 출발했다. 미리 섭외된 여러 학과의 조교에게 가보았지만 모두 다 허탕이었다. 들어가서 제대로 설명조차 못한 곳도 많았다. 정보도 필요 없다고 하며 내보내는 곳도 있었다. 그 넓은 캠퍼스를 등이 땀으로 젖을 정도로 열심히 이리 뛰고 저리 뛰고 찾아다녔지만 아무런 성과도 없이 몸만 아팠다.

그런데 딱 한 명의 조교가 기억에 남는다. 그 조교와의 일로 내가 정말로 이렇게까지 일을 해서 뭐하나, 왜 이 일을 해야 하는지에 결정적인 회의감을 느끼게 되었다.

내가 만난 그녀는 24살이었다. 도착하니 문이 잠겨 있었다. 주변에서 서성이면서 약속시간보다 1시간을 더 기다렸다. 어디를 갔다 왔는지 힘든 표정으로 조교실의 문을 열었다. 나는 조심스레 들어가서 "OO은행에서 왔는데 연락을 받으셨죠?" 하며 말을 이어갔다.

그 조교는 참 어려 보였다. 갓 입학한 새내기 대학생이라 해도 믿을 정도였다. 나를 기다렸다는 듯이 바로 옆 회의실로 안내했다. 순조로운 진행에 마음이 편안해졌다. 일이 잘 될 것만 같았다. 노트북을 펴놓고 천천히 설명했다. 그 조교는 호기심이 강했으며 어떤 것이든 배우고자 했다. 설명 도중 교수님이 학생들을 데리고 와서 그 자리를 내어주게 되었고, 어쩔 수 없이 나와서 조교의 옆자리에 노트북을 펼쳐놓고 설명했다.

그 조교의 꿈은 학교 영어 선생님이 되는 것이었다. 그 전에 학원에서 영어강사로 일을 하면서 경험을 쌓는 것이 일차적인 목표였다. 그 점에 있어 나와 공통된 점이 있었다. 내가 책을 출판했다는 것을 알고 더욱 이야기는 깊어졌다. 그날은 이상하게 학생들이 조교실에 오지 않았다. 마치 나의 어릴 적 모습을 보는 거 같았다. 학교 영어 선생님이 되려고 하는데 현실은 조교를 하고 있어 실제적으로 그 꿈을 향해 한 걸음 나아갈 수 없는 그런 상황, 임용고시를 준비하려면 돈이 있어야 하는데 돈을 벌면 공부를 할 수 없는 구조였다. 꿈만 다를 뿐 나도 비슷한 상황을 경험해

보았기에 그 어린 조교가 더욱 안쓰러웠다.

나는 내 책을 무료로 줄 것이고 영어 학습 상담도 해주고 어학원 취업 컨설팅도 해 줄 것을 약속했다. 보험 가입에 감사하는 뜻으로 상품권도 주기로 했다. 그 조교가 원하는 모든 것을 약속한 셈이다. 다음 날 청약서를 가지고 다시 방문하기로 했다. 나는 기뻤다. 보험 상품을 팔았다는 것보다도 그녀에게 무엇이라도 도와줄 수 있다는 점이 더 기뻤다. 대학교에 오니 내가 도움을 줄 수 있는 사람들도 있구나 싶었다.

서울에 와서 밤늦게까지 설계를 하고 출력해서 바인더를 꼽고 철저하게 준비를 했다. 저녁도 제대로 먹지 못하고 잠도 거의 이루지 못했다. 아침에 몸이 너무 피곤했는지 나에게서 무거운 분위기가 감돌았다. 차갑고 무거운 기분일 때는 누군가를 만나지 말아야 하지만 청약서에 서명만 받으면 되겠지 생각하면서 들어갔다. 내가 올 것을 알고 있듯이 나를 반겼다. 이날은 조교실이 무척이나 분주했다. 서명을 하려고 하는데 순간 그녀는 물었다. 중간에 해지를 하면 손해를 보는 건 아니냐고, 아는 언니가 가입했다가 손해를 보았다는 것을 강조했다. 어떤 보험이든 중간에 해지하면 어느 정도의 손해는 발생할 수 있다고 말을 하고 환급율표를 보여주며 설명했다.

그녀는 나에게 차마 안 하겠다는 말을 할 수 없었는지, 보험료를 낮추고 납입기간도 줄이고 싶어 했다. 하지만 순간 나는 이 먼 거리를 무거운 짐을 들고 다시 또 왔다 갔다 해야 한다는 것, 몸이 너무 힘들고 지쳤다는 아주 짧은 나만을 위한 생각으로 원래 보험료와 납입기간을 다시 유도했다. 추후에 가져갈 수 있는 이익에 대해서 더 설명했다. 그 조교는 가입 자체가 싫다는 표정을 지었다. 나는 조교의 의견을 존중해서 그럼 더 생각해보라고 하며 조교실을 나왔다.

엄청난 허탈감이 밀려왔다. 내가 그동안 고생했던 모든 것이 하나 둘 생각났다. "결국 이런 것이구나, 모든 것은 한 순간이구나. 어제 다르고 오늘 다른 것이 보험영업이구나. 한시도 안도의 한숨을 쉴 수 없구나" 하면서 멍하니 하늘을 쳐다보았다. 보험은 어떻게든 가입시켜야 한다는 지점장의 말이 생각났다. 보험은 강매라는 말도 생각났다. 사실 이건 내가 싫어하는 말이었지만 그날은 그 말이 진리처럼 다가왔다.

나는 30분쯤 지나서 다시 찾아갔다. 이렇게 그냥 서울로 돌아갈 수 없다는 단호한 의지를 불태우면서 다시 찾아갔다. 나는 조교를 보고 왜 가입을 안 하느냐, 미래를 위해 필요하다, 나도 돈이 없어보았기 때문에 꿈을 위해 전진하지 못했다는 점도 강조했다. 지금 저축한다고 생각하고 나중에 돈이 필요할 때 중도인출을 해서 쓰면 정말로 유용할 것이라고 하며 반강제적으로 서명을 받았다. 어쩔 수 없이 인상을 쓰면서 서명을 하는 그 조교의 모습을 볼 때 나의 마음이 아프기까지 했다.

그렇게 서명을 받고 인근 벤치에 앉았다. 정말로 아무것도 하기 싫었다. 아니 할 수 없었다. 내가 정말로 이렇게까지 해야 하나 하는 생각을 수도 없이 했다. 이게 영업이란 말인가, 도대체 내가 돈 조금 벌자고 이렇게까지 해야 하는 건가 회의감이 밀려왔다. 나 자신이 싫었다. 모든 것을 접고 싶었다. 내가 이러려고 새벽에 일어나서 그 먼 길을 떠나 소중한 시간을 낭비했단 말인가. 세상에 조금이나마 도움을 주어야 하는데 도움은커녕 사람의 마음을 아프게 하다니. 이건 아니다. 다시 생각해보자. 매번 돌아다니느라 제대로 먹지도 못해서 몸은 말라가고 체력은 고갈되고 마음의 상처는 커져만 갔다.

그날 밤에 그녀는 가입하지 않으려 하니 취소해 주고 보험료가 통장에서 인출되지 않게 해달라고 전화를 했다. 개인정보도 반드시 파쇄해 달

화창한 봄날의 **보험영업** 이야기 ✿

라는 요청을 했다. 단호함이 보였다. 신고라도 할 거 같은 느낌이었다. 나는 죄송한 마음, 나의 직업에 대한 생각, 나의 현재 상황을 담은 진정성 있는 메시지를 보내고 모든 것을 파쇄했다. 이 일을 계기로 나는 그만두기로 결심했다. 지금 생각해도 정말로 내가 잘못 판단한 부분이었고 그 학생에게 정말로 미안했다.

❖몸과 마음이 떠나다

아침에 일어나는데 걸을 수가 없었다. 무릎이 아프고 무거웠다. 서 있는 거 자체가 힘들었다. 그래도 어쩔 수 없이 미리 정해진 스케줄을 소화하려고 나갔다. 장소는 서울의 한 대학교였다. 학교 조교실은 역시나 한 곳도 제대로 섭외가 되어 있는 곳이 없었다. 약속이 되어 있다고 하는 조교들은 그 자리에 없어서 들어갔다가 다시 나와야 하는 상황이 이어졌다. 또한 몸의 상태가 너무도 좋지 않아서 나도 영업을 할 수 없는 상태가 되었다는 걸 몸과 정신이 느끼고 있었다.

몸이 부서지는 거 같았다. 통증이 밀려왔다. 내가 무거운 노트북과 가방을 들고 높은 계단을 뛰어서 오르고 내리고 했기 때문인 것이 분명했다. 너무 무리한 것이다. 그날 하루는 그냥 집에 와서 쉬었다.

병원에 가서 사진 찍고 검사를 해보니 그 동안 너무 무리를 했다고 하면서 절대적인 안정이 필요하다고 했다. 건강이 우선이다. 모든 것을 뒤로 하고 회복되기를 바라며 쉬었다. 큰 희망을 품고 시작했던 일에 종지부를 찍었다. 몸도 마음도 다 떠날 수밖에 없었다.

화창한 봄날의
보험영업 이야기

이제는 정말로 영업의 현장으로 가야 한다.
머릿속으로 수도 없이 상상했던 영업으로 가야 하는 마음은 막막함부터 앞섰다.
이상하게도 낯선 세상에 혼자 떨어져 있는 듯한 느낌이 들었다.
처음 서울에 왔을 때 부모님과 함께 왔다가 부모님을 보내고
텅 빈 집에 혼자 있었을 때의 그런 느낌이었다.
막막하고 공허하고 두렵고 슬픈 적막감. 정말로 오랜만에 느끼는 감정이었다.

새로운 일을 하는 건 힘들다. 어린 나이도 아니고 늦은 나이에
새로운 분야에 적응하는 것도 쉽지 않고 새로운 걸 배우는 건 더 어렵다.
무슨 일이든 새로운 분야에 접하게 되면 업무에 필요한 기본적인 것들을
배워야만 한다. 그렇다 보니 초반에는 배워할 것도 많다.
이에 수반되는 기본적인 교육이 많을 수밖에 없다.
고객을 만나서 전문성 있는 사람으로 보이기 위해서는
배우고 익히는 시간이 필요하다.
그렇다 보니 영업할 시간이 없다. 교육기간에도 영업 실적을 내야 하지만
시간이 그리 많지는 않다는 점을 알아야 한다.

방향을 바꾸다

Part Ⅱ

제1장
손해보험으로 향하다

❖손해보험을 해보면 어떨까

　금요일 밤에 형과 함께 지방의 부모님을 뵈러 가고 있었다. 내가 그만 둘지 모른다는 우려가 있었는지, 지점장이 시켰는지는 모르나 앞 다투어 사람들의 전화가 이어졌다. 격려의 전화이거나 몸이 좀 어떠냐는 것이었다. 감사하지만 나는 평소에 말도 별로 안 하다가 갑자기 그렇게 전화를 하는 건 필시 내가 그만둘까를 의식한 것이 분명하다고 생각했다. 나의 상황에 대해서 지점장에게만 말을 했기 때문이다.

　전화통화가 끝나자 형은 부담 없이 말을 던졌다. 자동차보험을 하면 어떻겠냐는 것이었다. 그렇게 지방으로 돌아다니고 다리도 아프고 차비조차도 못 벌고 있는 나의 상황이 답답하고 안쓰럽게 느껴졌을 법도 하다. 자동차보험은 1년에 한 번 무조건 가입을 해야 하는 것이고 주변의 친척들도 가입을 하면 이렇게 힘들게 차를 타고 지방으로 돌아다닐 필요도 없을 것이라고 했다. 나도 이제야 보험이 무엇인지 조금 알기 시작한 단계라서 자동차보험이 손해 보험사에 속한다는 것도 몰랐다.

나는 그 말에 흥미를 갖고 검색을 해보았다. 사실 법인대리점보다는 보험전문 회사에 들어가고 싶었다. 체계적으로 제대로 교육받고 싶었다. 함께 입사하는 동기들이 있기를 바랐다. 기본적으로 기본급이 있는 회사에서 떳떳하게 당당하게 일하고 싶었다. 은행도 아니면서 은행에서 나왔다고 말하며 양심의 가책을 느끼며 일하고 싶지 않았다. 이왕 할 거면 떳떳하게 일해서 성공하고 싶었다. 아니 실패해도 절대로 후회 없는 선택이었다고 말하고 싶었다. 실패해도 미련을 갖고 싶지 않았다. 사람은 누구나 시행착오를 겪어가며 세상을 배우고 깨닫고 성장해가는 것이니까.

❖접근하기 쉽다

자동차보험을 취급하는 보험회사는 손해보험이다. 내가 법인대리점에서 팔았던 종신보험, 즉 생명보험은 지방으로 가야만 하고 잘 된다고 해도 다시 서울로 와서 설계하고 출력해서 서명을 받으러 가야만 했다. 말이 쉽지 막상 해보면 힘든 점이 하나둘이 아니었다.

그렇다 보니 고객에게 접근하기가 어려웠다. 주변 사람 누구에게나 접근해서 팔 수 있는 상품이 나에게는 매력적이었다. 도서관에 착잡한 심정으로 검색을 했다. 어학원으로 돌아갈까 해서 이력서를 준비하기도 했다. 그리고 더불어 보험회사도 알아보았다. 손해보험회사였다. 손해보험회사도 참 많았다. 모두가 억대연봉을 자랑하고 있었다. 사실 이제는 믿을 수가 없었다. 그런데 눈에 띄는 두 곳은 같은 회사의 다른 지점이었다. 위치만 다를 뿐 공고의 내용은 거의 비슷했다. 이쪽 분야를 잘 모르기 때문에 아무래도 업계 1위의 회사가 나을 거라고 생각하면 전화를 해보았다.

❖즉석에서 결정하다

다양한 회사의 채용 공고가 있는데 공고마다 최고의 복리후생을 자랑했다. 나는 그랬다. 이왕이면 집이 가깝고 지원금, 정착비, 교육비, 복리 그리고 수당도 좋은 회사를 선택하고 싶었다. 아니 이건 지원자 모두의 마음일 것이다.

업계 1위라는 회사에 전화를 했다. 설렘, 기대, 걱정이 섞인 마음으로 전화를 했다. 바로 다음날에 면접 약속을 했다. 오후 1시 약속이었다. 태어나서 처음 보험회사에 들어선 나는 전망 좋고 깨끗한 시설에 놀랐다.

면접이라기보다는 친근하게 대화를 한 느낌이었다. 워낙 친절하시고 자상하셔서 자세하게 묻고 대답하는 시간을 가졌다. 나와 통화하신 분은 지점 팀장이었다. 내가 가장 궁금했던 사항은 급여부분이었다. 그리고 만약에 상품을 팔지 못하면 어떻게 되나 이런 점이었다. 이런 점에 대해서는 현재 신인으로 들어와서 받고 있는 사람들의 급여를 보여주시기도 했다. 회사의 교육체계와 복지 등도 곁들여서 설명을 들었다.

그런데 바로 교육 시작이 며칠 남지 않았다고 했다. 당장 입사를 하는 게 아니었다. 입사 이전의 기본 교육을 수료해야만 입사를 할 수 있었다. 오늘 당장 할지 말지를 결정해야 하는 입장이 되었다. 생각을 해보고 고민하려 했으나 만약에 이번 교육에 참가하지 못하면 1달을 더 기다려야 하는 상황이었다. 일단은 교육을 받아보면서 입사여부를 결정할 수 있는 기회가 있다고 했다.

교육중간에 만약에 자신과 맞지 않으면 교육 수료를 하지 않아도 되고 수료하고 나서도 입사하지 않아도 된다고 했다. 일단 교육 자체도 일상생활에 있어 상식을 키우는 데도 많은 도움이 될 거라고 했다. 나는 그날 2번의 간단한 면접을 더 본 후에 다음 주 교육 입과 결정을 내렸다.

❖첫 교육장 풍경

설레는 마음으로 출발했다. 내가 원하는 교육다운 교육을 받을 수 있다는 생각에 자신감도 넘쳤다. 낯선 교실에는 사람이 많지 않았다. 9명 정도였다. 미참석자도 있었다. 이름표가 그대로 책상에 있었다. 다들 연세가 있어 보였다.

예상은 충분히 했다. 보험회사는 연령대가 높을 거라는 것이 일반적인 생각이었다. 서먹한 가운데 오리엔테이션이 진행되었다. 마음이 자유롭고 편안했다. 오전 9시 30분부터 시작해서 2시간 남짓한 시간이 설레는 마음으로 지나갔다. 회사에 사옥이 있으니 좋은 점도 있었다. 바로 같은 건물에 각 지점이 있었다. 서먹한 가운데 지점의 지점장님과 팀장 그리고 같은 지점의 같은 교육을 받는 다른 신인, 도입자 분들과 함께 식사를 했다. 나는 나중에 알았지만 내 발로 찾아갔기 때문에 공고를 올리고 면접을 보았던 팀장이 나의 도입자가 되었다. 그렇게 보험회사에서 입과 교육 4주 중의 첫날 교육은 그렇게 흘러갔다.

❖철저한 시험대비

생명보험과 별개로 손해보험도 역시 자격시험이 있다. 합격해야 손해보험영업을 할 수 있는 자격이 주어진다. 일정표를 보니 2주 안에 시험이 있었다. 보험에 대한 교육보다는 시험대비에 들어갔다. 역시나 1등 손해보험회사는 달랐다. 시험대비도 체계적이고도 완벽하게 해주었다. 자체 이론서 교재부터 문제집, 기출문제까지 다 갖추어져 있었다.

생명보험은 요점 정리 보면서 모의고사 문제 5개 정도 풀어보면 되지만 손해보험은 그렇지 않다고 했다. 생명보험 시험보다는 어렵다는 게 지배적인 의견이었다. 실제로 이론을 공부해 보니 만만치 않았다. 양도 많고 외워야 할 부분도 많았다. 혼자서 이론서 보고 문제풀기에는 조금 부담이 될 수도 있었다. 하지만 60점만 맞으면 되기에 큰 부담은 없다고 생각했다.

회사는 혹시나 하는 마음에 한 명이라도 떨어지지 않도록 하기 위해서 철저하게 공부를 시켰다. 때로는 피곤하기도 하고 지루하기도 했다. 이렇게까지 해야 하나 하는 생각이 들기도 했다. 그렇지만 감사하기도 했다. 사실 나는 이런 교육을 바라고 있었던 것이기 때문이다. 이제야 정식으로 회사다운 회사에서 교육을 받는 느낌도 들었다.

동기들이 공부하는 모습에 배운 점도 많았다. 연세가 많음에도 불구하고 밤을 새워 공부하는 모습에 나의 미래를 그려보기도 했다. 나도 그분의 연세가 되면 어떨까 생각해보기도 했다. 변해도 너무 많이 변해버린 세상, 공부를 중단하고 결혼해서 살림하고 자식들 뒷바라지하며 사셨던 삶에서 갑자기 공부를 한다고 하니 얼마나 힘이 드실까.

나 같으면 주변 사람들을 보고 주눅이 들어서 앉아 있기도 힘들었을 것이다. 그리고 나보다 더 열심히 공부하는 분들도 많았다. 늦은 나이에도 열정을 불태우는 분들을 보면서 나의 삶을 반추해보기도 했다. 이론을 다 배우고 모의고사와 기출문제만 풀 때는 너무도 피곤하고 힘들었는데 나이가 나보다 훨씬 많은 분들이 피곤한 기색도 없이 열심히 하셨다. 한 문제라도 더 맞추려고 노력하는 모습이 존경스러웠다. 시험을 보러가는 버스에서도 시험지에서 눈을 떼지 않는 그 모습 또한 대단했다. 40분의 시험을 위해서 그렇게 열심히 하다니 놀라웠다.

시험 보러 가는 날은 소풍가는 기분이었다. 함께 즐거운 대화도 하고 식사도 했다. 차를 마시면서 서로를 알아가는 시간도 가졌다. 날씨도 좋았다. 아주 즐거운 하루였다. 시험이 끝나고 나왔을 때 사람들의 얼굴은 정말로 즐거워보였다. 이제야 모든 것이 끝났다는 표정이었다. 천국에 온 그런 아주 편안한 모습이었다. 문제는 다행히도 이전에 이미 풀었던 유형이었고 공부했던 부분에서 다 출제되었다. 문제유형이 서로 다른 분들도 있었지만 의견도 비슷했다.

공부를 하면 합격하지만 공부를 하지 않으면 서울대 출신도 떨어진다는 시험이다. 정말로 그런 거 같았다. 상식으로 풀기에는 조금은 힘든 점이 있었다. 공부를 안 했다면 답 찾기가 힘든 것도 많았다. 바로 다음날에 합격자 발표가 있었다. 모든 분이 공부한 만큼 합격의 기쁨을 맛보셨다. 우수한 성적으로 합격하셨다. 100점을 받은 분들도 계셨지만 모두가 합격점수 60점을 훨씬 뛰어넘는 점수였다.

당신이 만약에 위급한 상황에 처했을 때 진심을 다해 당신을 도와줄 수 있다고 생각하는 사람이 몇 명이 있는가. 당신이 돈이 필요할 때 전화해서 돈을 빌려달라고 말할 수 있는 사람이 몇 명 있는가. 당신이 보험을 한다면 보험 얘기를 할 수 있고 상품을 팔 수 있는 사람이 몇 명 되는가. 아니 그냥 만날 수 있는 사람은 몇 명인가. 당신의 스마트폰에 몇 명의 사람이 등록되었는가.

내가 질문을 하는 이유는 보험을 하려면 가망고객부터 정리해야 하기 때문이다. 가망고객은 내가 접근해서 보험에 대한 얘기를 나눌 수 있는 고객이다. 일단 만날 수 있다면 다 가망고객이다. 나는 가망고객이 몇 명이나 되나 찾아보니 100명도 채 되지 않았다. 가족, 친척, 형제자매, 지인들을 통틀어도 100명이 안 되었다. 물론 연락처도 모르고 1년에 한 번 보는 친척은 제외했다. 어차피 보험 얘기를 할 수 없는 분들이다. 스마트폰 고장으로 전화번호가 지워진 면도 있지만 언제부터인가 6개월 이상 연락이 되지 않아 만날 수 없는 사람은 정리하기 시작했다. 그런데 정리를 하고 나니 후회가 됐다. 초기 영업의 밑거름이 될 사람들인데 이렇게 적다니 막막하기도 했다. 이렇게 가망고객이 적어서 영업을 할 수 있을지 부담되기도 했다. 동기들 중에서 나만큼 적은 분들은 없었다. 어떤 분은 500명이 넘는 경우도 있었다.

살짝 쿵 자신감이 떨어지고 창피하기도 했고, 지난 세월에 나의 인간관계에 대해 다시금 생각해보기도 했다. 늘 같은 분야에서 지내며 폭 넓은 인간관계를 갖지 않고 한 사람을 깊게 만나는 나로서는 이런 점에는 단점으로 작용했다.

학교 다닐 때만 해도 참 많은 친구를 데리고 다니며 식사도 하고 즐겁게 놀기도 했던 나였다. 늘 주변에 친구가 많았지만 졸업과 동시에 그리고 취업준비와 백수, 힘든 사회생활로 누구의 의도도 없이 자연스럽게 멀어졌다. 이제는 연락처도 모른다. 그냥 우주의 섭리로 받아들이고 살았다. 영업을 할 때는 평상시의 삶이 밝고 긍정적이어서 많은 모임에 참여하고 활발하게 활동하는 사람에게 유리한 면이 있다는 것을, 나처럼 나 자신의 내면에 더 집중하는 사람에게는 조금 불리할 수 있다는 것을 깨달았다.

당신도 보험을 하려거든 얼마나 많은 지인을 알고 있고 어떤 모임에서 활동을 했으며 얼마나 많은 사람에게 보험 얘기를 할 수 있는지부터 파악해보라. 어느 누군가는 보험하기 6개월 전부터 보험을 할 예정이라는 것을 홍보하고 다녔고, 보험영업을 하면 가입하겠다는 약속을 미리 받아두고 접근했다고 한다. 미리 준비해서 나쁠 건 없다.

❖코드는 나온다

회사에 들어가면 사번이라는 것이 나온다. 보험회사는 사번이라는 말보다는 코드라는 말을 사용한다. 설계사 자신의 고유 번호이다. 이것이 있어야 설계가 가능하고 수수료 책정도 이루어진다.

교육을 끝마칠 때쯤이 되면 코드 발급에 대한 교육이 시작된다. 아니 수료이후에 코드 발급을 받을 것인지 아닌지에 대한 마음의 결심이 필요하다. 교육은 어디까지나 교육이다. 교육이 무조건 코드로 이어진다고 볼 수는 없다. 교육을 받는 중간에 보험영업에 관심이 없다면 코드발급 심사를 받지 않으면 된다. 하지만 코드는 정신적인 문제가 없다면 무조건 다 나온다고 생각하면 된다. 물론 코드를 발급 받는 데는 교육 수료도 해야 하지만 교육 중에 이미 여러 항목으로 평가가 결정되어 있다.

코드는 회사의 지역단 단장, 지점장 등과 함께 면접으로 심사가 이루어진다. 큰 문제가 없으면 발급 받을 수 있기 때문에 두려워할 필요가 없다. 두려워할 건 누구에게 무엇을 어떻게 잘 팔 것인가이다. 그리고 보험을 한다고 할 때의 주변의 외면이다. 동기들과 대화를 나누어보면 모두가 같은 마음이었다. 막막하고 두렵고 설레는 상태였다. 코드를 받으면 정말로 시작이다. 굳은 마음을 가지고 두려움보다는 자신감을 갖고 임해야 한다.

❖수료식

오지 않을 거 같던 수료식 날이 왔다. 내일이면 마지막 날이다. 아무것도 모르고 교육에 입과했던 날이 얼마 전 같은데 한 달이라는 시간이 금방 가버렸다. 즐겁고 행복한 날은 분명하지만 그렇다고 행복한 기분만 느낄 건 아니었다. 막상 영업 현장으로 간다는 점이 두려움으로 가득했다. 행복한 시간이 다 가버린 거 같은 아쉬움도 있었다. 학과장을 떠나기가 싫었다. 그 자리에 머물고 싶었다. 하지만 인생은 흐르는 강물처럼 멈출 수도 막을 수도 없는 것이다. 앞으로 전진할 수밖에 없다. 그렇기 때문에 삶이 소중한 것이다. 변화가 싫지만 변화가 있기에 또 다른 변화가 있는 법이다.

수료식에서 수업 중에 배웠던 화법 중의 하나인 생로병사 화법을 기수 대표로 시연하게 되었다. 지역단의 단장님 앞에서 직접 보여준다고 하니 부담스럽기도 했지만 마지막 대미를 장식한다는 의미, 그리고 좋은 추억으로 평생 남을 거라는 의미로 받아들였다. 수료식 날의 복장은 모두가 멋지고 아름다웠다.

앞에 나가서 한다고 생각하니 부담도 되지만 머리도 멍하고 생각이 나지 않을 때도 있었다. 즉석 애드리브로 이어가다가 운이 좋게도 외웠던 부분이 생각이 나서 잘 마무리할 수가 있었다.

단장님이 역대 최고라는 말을 해주니 더욱 더 감사했다. 한 명 한 명이 나와서 수료증과 더불어 꽃다발을 받는 기분이 남달랐다. 학교 졸업식 같기도 하면서 이 늦은 나이에 이런 기분은 처음이었다. 아니 앞으로도 이런 날은 평생 다시 오지 않을 순간이었다. 모두가 저마다의 사연을 안고 이 자리에 섰다. 수료식에서 듣는 한 명 한 명의 소감은 인생이었다. 삶이었다. 언젠가 내가 겪을 수도 있는 삶이기도 했다.

나는 모두가 자랑스러웠다. 보험회사에서 교육 수료한 게 뭐 그리 대단한 거냐고, 그런 건 아무것도 아니라고 생각하는 사람들도 있겠지만 세상에는 도전조차 하지 않는 사람도 많다. 변화 자체를 거부하는 사람도 많다. 그냥 현실에 안주하며 하던 일을 매일 반복하고 산다. 생각 없이 술 마시고 즐기고 노는 것으로 주말을 다 보낸다. 어떤 면에서는 참 안정적으로 보이나 그런 삶은 깨달음이 없다. 깨달음이 없는 삶은 죽은 삶이다. 육체만 커지고 영혼의 확장은 이루어지지 않는 것이다. 영혼에도 먹을 것을 주어야 한다. 그래서 육체만 키울 것이 아니라 정신도 커져야 한다. 이런 점에 있어 나는 동기분들을 자랑스럽게 생각한다.

보험설계사로서 하나의 과정을 완수했다. 젊은 나이도 아니고 현실에 안주해야 할 연세에 과감하게 도전하고 변화를 받아들이면서 무언가를 성취했다는 것만으로도 존경스럽고, 그 와중에 깨달은 삶은 자신을 좀 더 발전시켰을 것이라 믿는다. 나 또한 그러했다.

수료식 날은 어느 날 못지않게 즐거운 점심식사를 하고 차를 마셨다. 그 2시간만큼은 정말로 행복했다. 마음의 부담도 없고 가벼웠다. 이 순간이 영원하기를 바랐지만 그럴 수 없었다. 이제는 자신의 모든 짐을 정리하고 정들었던 강의실을 떠나야 할 때이다. 진정한 보험설계사로 거듭나기 위해 6개월 동안 생활할 곳을 향해 가는 발걸음은 무거웠다. 이제는 현실을 마주할 때가 온 것이다.

제2장
이제부터 시작이다

❖막막한 새벽

이제는 정말로 영업의 현장으로 가야 한다. 머릿속으로 수도 없이 상상했던 영업으로 가야 하는 마음은 막막함부터 앞섰다. 이상하게도 낯선 세상에 혼자 떨어져 있는 듯한 느낌이 들었다. 처음 서울에 왔을 때 부모님과 함께 왔다가 부모님을 보내고 텅 빈 집에 혼자 있었을 때의 그런 느낌이었다. 막막하고 공허하고 두렵고 슬픈 적막감. 정말로 오랜만에 느끼는 감정이었다.

내가 과연 잘 할 수 있을까라는 두려움이 먼저 들었다. 영업이라는 걸 직업으로 처음 해보지만 인생을 살면서 누구에게 영업에 대한 얘기조차 들을 수도 없었다. 관심도 없었고 내가 영업은 하지 않을 것이라고 늘 생각했기 때문이다.

나는 어릴 때 보험설계사는 전문적이지 못하다고 생각했다. 그리고 보험영업을 하기 때문에 사람을 가볍게 보았던 적도 있었다. 하지만 이제는 내가 그 입장이 되었다. 사람의 인생은 정말로 알 수 없다. 내가 그 반대의 상황에 처하게 될 줄 누가 알았겠는가. 나는 반성했다. 어린 시절에 잠시나마 가졌던 그런 선입견, 그들에게 조금이라도 냉대를 했던 나를 질책했다. 나도 이제는 누군가에게 그렇게 생각되는 사람이 될 것이다. 그렇게 새벽은 아침이 되었다.

❖첫 출근 : 긴장이 즐거움으로

시간은 공평하다. 내가 뜬 눈으로 밤을 보냈지만 아침은 왔다. 8시 50분까지 출근하려면 서둘러야 했다. 설레는 마음, 두근거리는 마음으로 회사 로비에 들어섰고 승강기를 타고 올라가는 그 마음은 조급했다. 누가 나왔고, 누가 안 나왔을까를 생각했다. 두 분만 나와서 자리를 지키고 계셨다. 앉고 싶은 자리에 앉고 이름표를 달고 있었다. 시간이 되어서 첫날의 첫 교육을 받으면서 누가 하차를 했는지 알았다. 두 분이 나오지 않기로 결정을 하셨다.

연수원에서 영업을 할 수 있을지 자신감이 없다고 했는데 결국 결정을 내리셨다. (하지만 1, 2주 내에 다시 오셔서 합류했다.) 교육 받을 때 9명이 이제는 6명으로 되어 왠지 모르게 썰렁하기는 했지만 축복의 메시지를 보냈다.

모든 것이 어색하고 낯설었다. 하지만 동기분들과 함께 있으니 그런 것도 잠시 잊고 행복했다. 그래서 하나보다는 둘이, 둘보다는 셋이 좋은 것이다. 아침에 사무실에 들어설 때도 동기분들을 보는 순간 긴장이 즐거움으로 바뀌었다. 첫날은 그렇게 약간의 교육과 준비 서류들을 작성하느라 정신없이 보냈다.

❖코드 면접

보험회사는 매달 코드 면접을 한다. 기초 교육을 받은 사람들에게 코드를 부여하기 전에 간단히 면접을 한다. 대부분이 받지만 무분별하게 코드를 주지 않으려고 면접을 본다. 최소한 이분의 얼굴이라든지, 신념정도를 본다고 할 수 있다. 지역단장을 비롯하여 지점장, 코치 등이 참여해서 평가한다.

하루 날을 정해서 그 달의 기수 전체를 한 번에 본다. 간혹 보험설계사의 길을 주저하다가 늦게 오는 경우는 별도로 보기도 한다. 우리 기수는 일괄적으로 보았다. 면접이 약속된 날 오전은 좀 분주했다. 마지막으로 제출서류와 양식들을 준비해서 오후에 면접을 보았다. 그래도 면접인데 긴장이 안 되는 건 아니었다.

들어가는 순간 책상에 단장님부터 시작해서 네 분이 앉아계셨다. 나는 단장님을 마주보며 책상 중간에 혼자 앉았다. 내가 교육 중에서 기수 대표로 화법 시연을 했기 때문에 나를 알고 계신 단장님의 첫 마디는 "정말, 할거에요?" 하면서 웃으며 하신 질문이었다. 나는 "도전해보겠습니다"라고 대답했다. 다른 면접관들은 잠시가 아닌 오랫동안 꾸준히 하는 것이 더 중요한 것임을 강조하셨다.

나는 충분히 이해한다. 보험회사에 들어오는 사람도 많지만 퇴사하는 사람도 많다는 것을 알고 있다. 그분들은 10년 아니 길게는 30년을 보험회사에서 일을 하면서 얼마나 다양한 사람을 보아왔고, 그들이 얼마동안 근무하는지 보아왔을 것이다.

덧붙여 단장님은 재주가 많은 친구인데 단지 보험영업에 머문다고 생각하지 말고 책도 쓰고 강연도 하기를 바란다면서, 거절에 대처하는 방법과 같은 책을 쓰기를 권유했다. 보험은 상대방에게 거절을 당하는 것이 대부분인데 지금 억대 연봉을 받고 계신 분들은 물벼락을 맞으면서도 견디었기에 지금의 연봉이 있다고 했다. 책을 써서 보험설계사들에게 좋은 이야기를 전달해주면 얼마나 좋겠느냐고 하셨다.

지금 나는 책을 쓰고 있다. 단지 단장님이 말씀하신 거절에 대한 대처 방법이 아닌 인생과 깨달음을 전달하고 공유하고 공감하기를 바라면서 책을 쓴다. 더불어 보험을 하고자 하는 분들에게 조금이나마 도움이 되고 현명한 선택을 하기를 바라면서 말이다. 이제 책이 나오면 책을 들고 찾아뵙고 싶다. 나를 기억하고 계실지는 모르겠지만.

참 동기 중에 두 분이 코드 발급을 하지 않겠다고 하며 떠나셨다. 아쉽기도 했다. 하지만 일주일 만에 다시 돌아오셨다. 너무도 기뻤다. 그런데 이분들에게 그 당시에 못 다한 말을 지금 하고 싶다. 새로운 일을 할 수 있음에, 이로 인해 자신이 성숙하고 발전할 수 있다는 점이 시도조차 하지 않는 것보다는 낫다는 것을. 인생은 평생 학교이기에 어디서 무엇을 해도 배우고 성숙하는 과정이라고.

당신도 시작했다면 끝까지 가보라. 보지 못했던 인생의 길이 보인다. 두려워 날개조차 펴지 못한다면 세상을 훨훨 날 수 있는 새는 없을 것이다. 멋지고 푸른 하늘을 볼 수 없을 것이다.

❖보험회사의 아침

보험회사의 아침만큼 활기차게 시작하는 회사도 없을 것이다. 아침 8시 50까지 출근한다. 아니 더 일찍 출근하는 분도 계신다. 특이한 점은 아침체조로 하루를 시작한다는 것이다. 어릴 때 누구나 한 번쯤은 해보았을 국민체조를 한다. 화면을 보고 음악을 들으면서 체조를 한다. 체조가 끝난 후에는 서로 손뼉을 치면서 파이팅을 외친다. 그리고 전체 교육도 함께 한다.

보험이라는 직업이 사실 동기부여가 많이 필요한 직업이다. 고객은 대한민국에 거주하는 사람 전체이지만 어떤 면에서 보면 내가 알지 못하는 불특정다수이다. 그런 고객에게 영업을 한다는 건 웬만한 용기와 사명감이 있지 않다면 힘들다. 어찌 보면 가까운 지인에게조차 말을 꺼내기 힘들 수도 있고, 그 사람들에게 또 거절을 당한다면 상처도 커지고 관계 또한 멀어질 수도 있다.

외롭고 소외당하기 쉬운 직업이기도 한다. 같은 어려움을 가지고 있는 우리끼리라도 서로 도와야 한다. 말로는 표현하지 않아도 다 마음속으로 느끼고 있다. 아침에 동기부여를 통해서 자신감을 회복하고 동질감과 사명감을 느끼고 하루 영업을 시작하는 것이다. 혼자서는 힘든 일도 몇 명이 함께한다면 쉽게 할 수 있다. 서로 마음을 위로해주고 지원해주는 아침이 있기 때문에 힘이 난다.

❖첫 시작은 고객등록

보험영업의 시작은 고객등록이다. 보험을 가입해야만 등록을 하는 게 아니고 가망고객도 고객등록이 필요하다. 그러면 최소한 고객이 어떤 보험을 어느 회사에서 가입했는지 정도는 알 수 있다. 같은 보험회사라면 다 알 수 있고 타 회사의 보험은 실손보험과 자동차보험 정도를 알 수 있다.

고객등록을 하려면 최소한의 필수 정보가 필요하다. 이름, 전화번호, 주소, 주민번호 그리고 고객의 개인정보 활용에 대한 동의다. 내가 수집한 정보는 나 자신만이 볼 수 있다. 내가 등록을 했다고 해서 회사 전체 직원이 보는 게 아니고 자신의 코드로 등록한 보험설계사만이 고객의 정보를 조회할 수 있다. 대부분의 고객은 자신의 정보가 회사 내에 떠돌아다닌다고 생각하는데 그렇지 않다. 시대가 달라졌다. 개인정보에 대한 보안이 강화되어 있기 때문이다.

고객등록이 필요한 이유는 무엇보다도 정확한 설계이다. 고객등록을 할 때 고객의 정확한 보험설계와 보험료 계산이 가능하다. 보험영업의 시작은 만나는 모든 사람의 고객등록이다. 일단은 최대한 많은 고객을 만나서 고객등록을 하는 편이 좋다. 다양한 고객으로 다양한 상품을 설계해봄으로써 설계능력을 키울 수 있다. 이 또한 회사의 수당을 받는 데 작은 기여를 한다.

❖ 주민번호와 핸드폰인증

개인정보 유출의 문제는 어제 오늘 일이 아니다. 그래서인지 사람들도 자신의 정보를 소홀히 하려 하지 않는다. 의식수준이 달라졌다. 그렇다보니 상대방의 개인정보를 수집하기는 정말로 힘들다. 특히 보험에서 절대적으로 필요한 주민번호를 얻기가 어려워졌다. 그리고 주민번호를 얻는 것에 그치는 것이 아니라 개인정보보호법에 따라서 상대방의 동의를 얻어야 한다. 이는 주로 핸드폰인증으로 이루어진다.

과거에는 서류가 있었으나 이제는 고객에게 인증번호를 보내고 그 인증번호를 입력해야만 고객등록이 이루어진다. 인증을 하지 않으면 고객등록은 이루어지지 않는다. 할 수 있는 게 아무것도 없다. 절차가 조금 까다로운 면이 있다 보니 가뜩이나 주민번호를 알려주는 것에 대한 불안감이 있는데 여기에 더해 인증번호까지 문자로 보내고 다시 받으려니 고객은 번거롭기도 한 면이 있어 꺼려한다. 피를 나눈 가족은 신뢰가 이루어져 있어 고객등록이 쉽지만 친척이나 지인은 힘든 경우가 많다.

신뢰관계가 구축된 관계라 해도 일단은 의심부터 하는 게 사람의 마음이다. 지인에게 보증을 잘못 서서 낭패를 보는 경우도 많지 않은가. 친척조차도 가르쳐주지 않는 경우도 많다. 지금은 주민번호를 안다고 해서 할 수 있는 게 없다. 2중 3중의 확인 작업을 거친다. 그렇지만 고객은 그렇게 생각하지 않는다. 막연히 불안한 것이다. 아무리 친한 친척이라도 의심의 눈으로 바라볼 것이다. 자신은 절대로 그런 사람이 아니라고 생각해도 상대방의 입장에서는 그럴 수밖에 없다. 때로는 자신을 믿지 못하는 것에 대해 섭섭할 수도 있으나 이 또한 어쩔 수 없다. 인정하고 받아들여야 한다.

❖효과적인 고객등록 비결

처음 고객등록을 위해 전화를 했을 때 쉽지가 않았다. 물론 만나서 할 수 있지만 만나기 이전에 전화로 하는 것이 일반적이다. 주변의 지인들이나 가족, 친척들을 일일이 만나서 고객등록에 대해서 설명하고 등록을 하려면 시간과 비용이 많이 소모된다. 주변 동기들은 친한 지인들이 많은지 거리낌 없이 전화를 해서 진심과 농담을 섞어가면서 고객등록을 했다. 참 부러웠다. 신뢰관계가 잘 형성되어 있기 때문이다.

그런데 나는 이상하게도 그렇지 않았다. 지인에게 전화를 하면 왜 필요하냐, 개인정보를 함부로 알려주는 것이 아니다, 정말로 아무 일 없는 거지 등 여러 가지 질문이 이어졌다. 동기들에 비해서 나 자신이 한심하게 느껴지기도 했다. 다른 동기들과는 다르게 사무실에서 고객등록을 시도하기 힘들었다. 이런 저런 질문에 대답하는 거 자체가 부끄럽기도 했다. 나는 행여나 에둘러서 답을 하는데 그것이 자칫 주변 사람들에게는 나의 인간관계가 순조롭지 못하게 들릴지도 모른다는 두려움이 앞섰다. 그래서 나는 주로 집에서 편안하게 고객등록을 했다. 거절을 당해도 덜 부끄러웠다. 내가 이렇게 고객등록을 하면서 시행착오를 겪다보니 순조롭게 고객등록을 할 수 있는 방법을 자연스럽게 깨달았다.

첫째, 고객등록을 할 때는 "안 될 거야"라는 두려움보다는 자신감을 먼저 가져야 한다. 자신감이 없고 확신이 없으면 상대방의 말에 자존심이 상해서 별다른 말도 못하고 포기한다.

둘째, 왜 해야 하냐는 질문을 주로 받는다. 그럴 때는 가볍게 상황을 말한다. 회사에서 기본급을 받으려면 영업활동을 했다는 것을 보여주어야 한다. 그래서 그냥 등록만 시켜놓는 것이다. 회사도 돈을 줄 명목이 있어야 한다고 말을 한다.

셋째, 자신만의 생각으로 안 될 거야라는 생각을 버려라. 상대방의 마음은 알 수 없다. 의외로 안 될 거 같다고 생각해서 전화를 했는데 순조롭게 진행된 경우도 많았다.

넷째, 안 되면 어쩔 수 없다는 마음으로 부담 없이 말을 던져라. 어렵게 얘기하려니까 더 어려운 것이다. 따지고 보면 고객등록은 단순한 것이다. 보험영업도 아니다. 단순 등록이다.

다섯째, 고객등록을 해주는 고객이 있다면 등록과 동시에 보험의 가치를 얘기하라. 관심이 있는 사람은 보험가입으로 연결된다.

제3장
고객 설계

❖첫 고객과의 만남

젊은 시절 같은 꿈을 향해 같은 곳을 바라보며 함께 즐거움과 아픔을 공유했던 친구가 있다. 나보다는 2살이 어리다. 서로의 삶이 바빠서 3년 정도 만나지 못했다. 그러다가 1년 전쯤 우연히 간단한 메시지를 주고받았을 뿐이다. 물론 이 친구도 가망고객 리스트에 있었지만 보험 상품을 팔자라는 생각보다는 워낙 가망고객이 없다 보니 다 리스트에 올려놓았던 것이다.

이 친구에게 연락해서 주말에 약속을 잡았는데 나는 정말로 얼굴 본 지가 오래되어서 아무런 의도 없이 보고 싶었다. 예전처럼 그냥 부담 없이 만나서 차를 마시면서 서로 소식도 공유하고 싶었다. 늘 만나면 과거에 스터디를 하면서 잊을 수 없는 추억들을 떠올리며 이루지 못한 꿈을 이야기로 풀곤 했다. 나는 그런 관점에서 보고 싶었다. 그러면서 보험회사에 다닌다는 소식도 전하고 싶었다.

오랜만에 보니 반가움도 있고 어색함도 있었다. 식사를 하면서 서로에 대해서 묻게 되었다. 친구는 경기도에서 PC방을 운영하고 있었다. 나는 가볍게 작은 다이어리 수첩을 선물로 주었다. 보험회사에서 교육을 받고 있으며 이제 막 시작했다고 했다. 그러면서 내가 보고 듣고 배운 보험에 대해서 있는 그대로 전달했다. 실제로 내가 깨달았던 보험의 필요성과 보험의 가치적인 측면을 전달했다.

그 친구가 보험 가입을 해주면 좋겠다는 것보다는 그냥 느낀 점을 말을 했을 뿐이다. 주변의 사례를 통해 보험의 가치를 설명했던 점이 마음에 와 닿은 거 같았다. 적은 돈으로 미래의 위험을 대비할 수 있다는 점이 마음을 움직인 거 같았다. 이야기 내내 나를 주시하면서 집중했다.

그런데 이 친구가 화장실을 갔다 오더니 보험을 하나 가입해야겠다고 하는 것이다. 보험을 모르니까 터놓고 얘기할 사람도 없고 믿을 사람도 없다고 하면서 잘 됐다고 하는 것이다. 순간 나는 기쁨이 밀려왔다. 나는 생각지도 않았는데 그런 말이 나오다니 놀랐다.

서로 만나지 않았던 시간 속에 인생의 깨달음을 얻은 거 같았다. 예전과는 사뭇 달라보였다. 그러면서 지금 살고 있는 집과 PC방도 화재보험에 가입해놓았다고 했다. 일단은 설계를 해보겠다고 했다. 다음 주에 회사에서 고객등록을 위해서 전화를 하고 설계도 해보겠다고 했다. 협심증이 있어 약을 먹고 있다고 했지만 나는 보험을 시작한 지 얼마 되지 않아서 그렇게 심각하게 받아들이지는 않았다.

❖첫 고객 설계

코드가 부여는 되었으나 보험설계사로서는 초보자이기에 구체적으로 어떤 질병이 가입 거절되는지도 몰랐다. 협심증이 무엇인지도 몰랐고 가입이 될 수 있는지도 몰랐다. 월요일에 출근하자마자 코치님께 설계 도움을 받으려고 했는데 코치님은 협심증이라는 말에 보험 가입이 힘들다는 말을 먼저 하셨다. 순간 가슴이 내려앉았다. 첫 고객부터 이런 사태가 벌어지다니 아쉬웠다. 하지만 어쩔 수 없다는 생각으로 받아들였다.

그래도 모르니 일단은 설계해서 승인을 넣어보자고 하셔서 열심히 설계를 하고 승인 절차를 밟으니 역시나 인수요청이 들어왔는데, 보니까 거절이었다. 현재 가능한 보험은 운전자보험의 상해담보 몇 가지 항목이었다. 유병자도 나이가 아직 젊어서 가입이 안 되었다. 방법은 이것 하나밖에 없었다. 그리고 이 친구는 현재 가입되어 있는 실손보험도 해지하고 옮기는 건 불가능했다. 원래 나에게 재가입을 하려고 했으나 지금 가입되어 있는 회사에서 유지해야 하는 상황이었다. 지병이 있어 평생 약을 먹어야 하는 입장에서 보험회사에서 받아주는 건 힘들다.

이 친구가 안쓰럽게 느껴졌다. 보험을 하기 때문에 이런 사실을 알았다. 보기에는 아무런 이상이 없어 보이는 친구가 그런 사정이 있는 줄은 몰랐다. 아픔을 안고 살아가고 있었다. 본인은 얼마나 마음이 아플까, 오래 알고 지낸 사이로서 마음이 아팠다. 보험 가입을 하지 않아도 좋다는 생각이 들었다. 현재 보험회사에서 가입할 수 있는 보험이 없다는 사실을 듣는 것만으로도 힘들 텐데, 보험 가입까지 권유하는 건 나에게도 고통이었다. 마음을 비우고 청약서를 출력했다.

❖첫 고객 탄생

며칠 후에 그 친구를 만났다. 이 친구에게 어떻게 얘기를 해야 하나 고민이었다. 자신의 현실을 알고 어떻게 느낄지도 마음에 걸렸다. 초조한 마음으로 만나 자세하게 설명했다. 현재 가입되어 있는 보험, 현재 가입할 수 있는 보험 그리고 설계해서 가져온 보험의 담보사항 등을 조심스레 건넸다. 그 친구는 보험에 가입하겠다고 했다. 부담되지 않는다고 하면서 다른 보험회사에서도 이전에 접촉을 해본 적이 있다고 했다. 보험 가입을 할 수 없는 사실을 본인도 알고 있었다. 다행이었다.

청약서와 상품설명서를 보면서 자세하게 담보에 대해서 설명했다. 그리고 궁금한 모든 사항에 대해서도 설명해주었다. 만기 환급금도 적지 않은 돈이 있다는 말에 좋아했다. 나는 보험 권유까지는 않으려고 했는데 본인이 필요하다면서 가입을 하겠다고 했다. 아니 가입할 수 있는 보험이 있다는 사실에 감사하다고 했다. 노력해주어서 고맙다고 했다.

그리고 본인이 아프면서 보험의 필요성을 절실히 깨달았다면서 보험 가입을 하지 않는 사람들에게 미래를 대비해야 한다는 점도 강조했다. 자신은 너무나도 운이 좋았다고 했다. 실손보험 가입 후 일주일 만에 협심증 판정으로 놀랐고 그 덕에 보험금도 꽤 지급 받을 수 있었다고 했다.

보험도 필요성을 깨달았던 사람만이 보험의 가치를 알 수 있다. 소 잃고 외양간 고친다는 말이 있다. 미래에 다시는 그런 일이 일어나지 않기를 바라면서 수정하고 고친다는 의미인데 보험은 좀 다르다. 건강에 일단 이상이 생기면 보험가입이 거절된다. 그래서 보험은 건강할 때 가입을 해야 한다.

언제 어떤 일이 일어날지 모르는 게 사람의 인생이다. 내일의 삶을 아니 1분 후의 삶을 알 수 없는 게 인생이다. 보험 가입은 빠를수록, 건강할 때 가입해놓는 것이 좋다는 것을 그 친구를 통해 깨달았다. 나의 첫 고객이 된 그 친구에게 진심으로 감사했다.

❖합리적인 설계

고객은 보험을 가입할 때 어떤 담보가 어떻게 구성되는지 모른다. 심지어는 암보험이라고 해서 딱 하나의 암 담보만 넣으면 된다고 생각하는 데 그렇게는 설계가 되지 않는다. 최소한의 담보가 정해져 있다. 그리고 다른 담보를 추가할 때도 보장금액부터 시작해서 담보가 유기적으로 연계되어 이루어져야 한다.

보험 설계에 익숙해지면서 고민이 생겼다. 내가 지금 하고 있는 설계가 정말로 합리적인가 하는 것이다. 한 번의 설계로 고객의 10년, 20년이 좌우되는 만큼 신중을 기해야 하는 것임이 틀림없다.

고객이 살아가면서 정말로 필요한 담보가 들어가 있는지, 보장금액이 적절한 수준인지, 보장받을 수 있는 나이는 괜찮은지 등을 생각해야 한다. 이런 모든 것이 유기적으로 잘 어울리도록 설계를 해야 한다. 고객은 가입을 하고 난 후에 다음 날이면 다 잊어버린다. 현재 아무 일도 일어나지 않은 건강한 상태이기 때문이다. 머릿속으로는 가입을 했고 마음이 편안하다는 것만 생각한다. 그래서 설계사의 합리적인 설계가 중요하다.

❖정말로 최선의 설계인가?

합리적인 설계를 했다고 하면 그건 어디까지나 설계화면에서의 일이다. 나는 설계를 하고 나서 청약서를 출력하고 난 후에도, 아니 고객에게 전자서명을 받으러 가는 그 순간에도 고민에 고민을 했다. 과연 이게 최선의 설계인가. 담보의 선택에서부터 보장금액, 총 보험료, 보험 상품의 선택에 이르기까지 심사숙고했다. 내가 아는 지식이 부족해서 행여나 고객에게 무슨 일이 일어났을 때 적절한 역할을 하지 못하면 어떡하지 하는 생각에 한 번 더 검토했다.

고객은 막연히 보험에 가입되어 있어 만족하고 있는데, 사고 나서 보장을 받지 못하면 고객의 입장에서는 인생이 걸린 일이다. 사고로 마음의 상처도 큰데 보장을 받지 못하거나 적은 금액을 보장받는다면 보험을 신뢰하지 못하게 되고, 그러면 결과는 고객에게 아픈 상처를 또 한 번 주는 것이다. 그럴 때 물론 나는 양심적, 도덕적 죄책감을 느낄 것이다.

또 한 번 더 생각해봐야 할 게 있다. 늘 마음속으로 양심적, 도덕적으로 줄타기를 하고 있는 것이다. 바로 고객을 위한 설계인가, 나를 위한 설계인가이다. 물론 고객을 위한 설계가 되어야 하지만 설계사는 일을 하면서 실적이라는 것에 얽매여 있다. 당연히 보험료가 높을수록 회사입장에서, 설계사의 입장에서 이득이다. 그달에 달성해야 하는 실적도 회사생활을 하는 직원으로서 어쩔 수 없는 고민이다.

❖보험설계사의 책임

8년 전이다. 일반 핸드폰에서 스마트폰으로 바꾸려고 핸드폰 가게에 들렀다. 단기간만 근무하는 직원으로 보였다. 아르바이트를 하는 학생의 나이로는 보이지 않았다. 나는 기종을 변경하려고 하는데 가격이 어느 정도 되는지 알고 싶다고 했다. 그러자 핸드폰 기종에 따라서 이것저것 목록을 적어가면서 혼잣말을 하다시피 하면서 아주 저렴한 가격을 제시했다. 나는 저렴하다는 것에 놀랐다. 통신사를 옮기지 않고 기기 변경을 하는데 이렇게 저렴할 수가 있나 하고 생각하면서 가입하고 싶었다.

그런데 내가 구체적으로 묻자 통신사를 옮기는 것은 아니지만 신규가입을 하는 것으로 전환하는 것이었다. 내가 10년 넘게 통신사를 유지했던 것을 다 없애고 신규가입을 하는 것이다. 이런 방법이 있는 줄도 몰랐다. 하지만 나는 10년 넘은 그 가입이력을 없애고 싶지 않았다. 그만큼 혜택을 보고 있는 것도 있었다. 내가 좀 더 구체적으로 묻지 않았다면 나중에 나는 후회했을 것이다. 이런 사실이 있는 줄도 몰랐을 것이다.

실제로 나의 아버지는 그런 사실도 모른 채 조금 저렴하다는 이유로 15년 가까운 가입 이력을 없애고 신규로 가입하셨다. 나중에 알았지만 돌이킬 수는 없었다. 대리점은 고객에게 제대로 알리지도 않고 자신의 이익만을 위해서 그런 사실을 의도적으로 숨기고 상품을 판 것이다. 다시 말해 상품을 무조건 대충 눈 가리고 아웅 한 격이었다.

이런 상황을 당신이 겪었다고 상상해보라. 판매원의 무책임에, 상술에 화가 날 것이다. 보험설계사도 마찬가지다. 보험 상품을 파는 데에는 지금 당장의 이익보다도 미래적인 관점에서 책임감을 느끼며 상품을 팔아야 한다. 고객에게 정확하게 알릴 사항은 알려야 한다. 보험 상품에 대해서도 주의 깊게 설명해야 한다. 그 외 필요한 모든 사항을 알려야 한다. 서로 상의를 하고 결정을 내려야 한다. 보험은 가입을 하면 5년에서 20년, 30년까지 유지된다. 지금은 아니지만 20년 후에 보험설계사를 그만두고 다른 사람이 관리를 한다고 할 때 책임감 없는 상황이 발생한다면 고객은 낭패를 보게 된다. 보험설계사도 20년 전의 일을 기억하기 힘들고 고객도 기억나지 않는다면 누가 책임을 질 것인가. 늘 고객에게 책임감 있는 태도로 다가가야 할 것이다.

❖고객은 깊게 알고 싶어 하지 않는다

보험설계사는 청약서에 고객이 서명하기 전에 알릴 사항에서부터 상품 설명에 이르기까지 다양한 것들을 설명해야 한다. 이는 설계사의 책임이다. 그런데 이건 설계사의 입장에서 그렇고 고객의 입장에서는 좀 다르다.

고객은 보험을 가입할 때 구체적으로 어떤 상품으로 어떤 종류의 담보가 들어가는지, 보장금액은 구체적으로 얼마인지에 대해서 깊게 알려고 하지 않는다. 암보험, 상해보험, 질병보험 이 정도 수준으로만 알고 싶어 한다. 왜냐하면 일반적으로 사람들이 바쁘기 때문이다. 또 다른 이유는 복잡하기 때문이다. 보험 설계를 하려고 설계사도 오랜 시간동안 배우고 깨닫는다. 그걸 잠시 듣는다고 알 수는 없다. 그래서 아무리 설명을 해도 고객은 몇 년간 납입하는 것인지, 보험료는 얼마이고 만기 때 얼마를 받을 수 있는 지 등에만 관심이 있다. 물론 구체적으로 관심을 가지는 사람도 있지만 소수에 불과하다. 나도 한때 보험에 대해서 모를 때는 설명도 이해가 안 되어 그렇구나 하고 넘어갔던 적이 있다. 그래서 고객에게는 핵심적인 사항만을 요약 설명하는 것도 좋은 방법이다.

제4장
보험설계사의 삶

❖시행착오가 필요하다

보험회사에서는 가망고객들을 대상으로 설계를 한다. 이 사람이 정말로 보험을 할지 안 할지를 떠나서 설계연습을 하고, 실제로 이를 토대로보험 상품을 제안하기도 한다. 많은 설계를 해보고 깨달아야 실제로 고객을 위한 합리적인 설계를 할 수 있고, 누구의 도움을 받지 않고서 능동적으로 보험계약을 할 수 있다. 나는 내가 가지고 있는 고객등록을 가지고 참 많은 것을 시도해 보았다. 설계도 한 사람으로 담보설정을 다양하게 구성도 해보고 그에 따른 보장금액도 다르게 해보았을 때의 보험료도비교해 보기도 했다. 다양한 상품에 확대 적용하기도 했다. 상품별 수수료를 비교해보기도 했다. 나에게 유리한 것과 고객에게 유리한 것, 서로절충한 선이 어디인지도 검토해 보았다.

설계만큼은 잘 하고 싶었다. 빨리 순간순간 나의 노하우로 고객에게 합리적인 설계를 하고 싶었다. 사실 많은 시행착오를 겪었다. 집에 돌아와서도 새벽까지 고민을 해보느라 잠도 제대로 이루지 못한 적도 있다.

세상에 쉬운 영업은 없다. 그런데 이 모든 설계가 다음 달에는 다 쓸모가 없다는 걸 몰랐다. 설계의 유효기간은 한 달이었다. 새로운 달이 되면 설계가 쓸모없기 때문이었다. 매달 조금씩 상품이 바뀌고 보험료도 달라진다. 고객의 나이도 달라질 수도 있다. 여러 변수가 작용한다. 이를 몰랐던 것이다. 시행착오 없는 영업은 없을 것이다. 시행착오가 쌓일수록 노하우도 쌓이는 것임을 알았다.

❖초반에는 정신이 없다

새로운 일을 하는 건 힘들다. 어린 나이도 아니고 늦은 나이에 새로운 분야에 적응하는 것도 쉽지 않고 새로운 걸 배우는 건 더 어렵다. 그렇다보니 영업초반에는 정신이 없을 수밖에 없다. 다양한 상품교육도 받아야 하고 설계도 배워야 한다. 개척도 해야 한다. 사실 마음의 여유가 없다. 업무관련 책을 읽을 시간도 없다.

이건 내가 초반에 했던 생각이다. 어떤 일이든 초반에는 열정이 충만하고 하나라도 더 배우고 싶은 욕구가 강하다. 그런데 문제는 해야 할 일이 너무 많다는 것이다. 상품을 당장 팔아야 하기 때문에 상품을 잘 알아야 한다. 상품별로 어떤 특성이 있는지, 주된 고객층이 누구인지, 어떤 장단점이 있는지, 어떻게 고객에게 전달을 해야 하는지 등 알아야 하는 것들이 많다.

내가 상품을 잘 모르면서 팔 수는 없는 일이다. 그런데 상품이 하나만 있다면 바로 배울 것이다. 하지만 상품은 다양하다. 그렇게 때문에 내 몸에 익힐 시간이 필요하다. 그리고 여기서 끝나지 않는다. 상품에 대해서 알았다면 그 상품을 다양한 연령대에 맞게 다양한 담보를 넣어서 설계를 해봐야 한다. 연령, 직업, 현재의 병, 과거의 병력 등에 따라서 설계는 달라질 수 있다.

암진단비 1억을 넣고 설계하고 싶다고 해서 할 수 있는 건 아니다. 그래서 설계의 원리를 배워야 한다. 또한 이를 위한 고객에게 접근하고 팔수 있는 화법도 익히고 연습할 시간이 필요하다. 지인이 있다면 지인에게 효과적으로 접근할 수 있는 방법도 생각해야 한다. 지인이 없다면 개척을 어떻게 할지도 고민해야 한다. 하지만 초반에는 이 모든 것을 다 할 수 있는 시간이 없다. 여유가 없다. 배워할 할 것이 쌓이기만 하는 단계이다.

❖교육만 받다보니 영업할 시간이 없다

무슨 일이든 새로운 분야에 접하게 되면 업무에 필요한 기본적인 것들을 배워야만 한다. 그렇다 보니 초반에는 배워할 것도 많다. 이에 수반되는 기본적인 교육이 많을 수밖에 없다. 영업이라는 것이 도서관에 앉아서 하루 종일 입시공부 하듯 공부를 해야 하는 건 아니지만 고객을 만나서 전문성 있는 사람으로 보이기 위해서는 배우고 익히는 시간이 필요하다.

그렇다 보니 영업할 시간이 없다. 이것이 문제다. 출근해서 오전에 교육을 받고 퇴근하기 2시간 전에 교육을 받으면 하루는 금세 가버린다. 오후에 식사를 하고 나서 3시간 후에 바로 오후교육이 이어지는 날이 많다. 몸이 피곤하기도 하지만 영업할 시간이 많지 않다. 영업은 사람을 만나는 일인데 만날 시간이 부족하다 보니 영업은 주말이나 지인을 통해서 이루어져야 하는 경우가 흔하다. 교육기간에도 영업 실적을 내야 하지만 시간이 그리 많지는 않다는 점을 알아야 한다.

❖ 출·퇴근 로그인

보험회사를 선택하는 이유 중의 하나가 자유롭다는 것이다. 이 점을 최고의 장점으로 생각하는 사람들이 꽤 있다. 그렇다고 해서 정말로 자유로운 것은 아니다. 보험회사도 조직체이고 회사이다. 기본적인 출근과 퇴근을 했다는 것을 보여주어야 한다. 물론 법인 사업체라면 다를 수도 있다. 하지만 그곳도 오전이든 오후이든 출근해서 지점장과 대화를 하거나 전날의 활동에 대해서 잠시라도 대화를 한다.

사무실에 완전히 나가지 않아도 되는 조직은 없다. 행여나 나올 수 없다면 연락이라도 주어야 한다. 자신이 운영하는 대리점이 아니라면 기본적인 출·퇴근을 해야 한다. 매일 나가지 않을 수는 없다.

당신은 한국의 어떤 보험회사 중의 어떤 지역의 지역단 내의 한 지점 그리고 그 아래의 많은 팀 중의 한 팀원이다. 실적이 팀원에게 영향을 주고 그것은 지점과 더 나아가 지역단 전체에 영향을 준다는 것을 알아야 한다. 그래서 팀장이나 지점장은 계약이 있을 때만 나오고 계약이 없으면 나오지 않는 사람들을 좋아하지 않는다. 팀원들의 출·퇴근은 모든 설계사의 월급에도 영향을 주지만 이는 곧 팀장이나 지점장에게도 영향을 준다.

또한 오전에 출근을 해서 미팅을 하는데 이를 통해서 다양한 정보를 공유하며 교육도 이루어진다. 그래서 늦더라도 출근해서 미팅도 하고 전산프로그램의 로그인도 해야 한다. 완전히 자유로운 직장은 없다. 그건 자신이 직접 운영하는 회사라면 가능할 것이다.

❖화법

보험을 하면서 중요한 것 중의 하나가 화법이다. 고객을 만나서 상품을 팔기 위해서는 대화를 해야 한다. 급하고 아쉬운 건 고객이 아니라 설계사이다. 어떤 최소한의 행동을 보여야 고객도 상품에 대해서 반응한다. 그런데 보험을 팔러 왔다고만 하면 상품이 팔리지는 않을 것이다.

한 번쯤은 홈쇼핑에서 충동적으로 상품을 구매해 본 적 있을 것이다. 상품을 팔기 위해서 쇼호스트들이 다양한 관점으로 상품을 소개하고 상품의 필요성과 장·단점을 아주 정교한 멘트로 설명한다.

보험도 마찬가지다. 상품을 팔기 위한 멘트가 바로 화법이다. 생로병사라 하면 사람은 태어나면 늙고 병들어 결국은 죽음으로 마무리를 한다. 그 일련의 과정 속에서 필요한 상품이 실손보험, 질병보험, 상해보험, 사망보험 등이다. 어떻게 말을 하느냐에 따라서, 어떤 관점으로 접근하느냐에 따라서 고객의 마음이 움직인다. 생각을 해보겠다고 하거나 상품에 대해서 어떤 보장이 있는지 알고 싶어 질문을 한다. 만약 보험을 가지고 있지 않다면 보험의 필요성을 깨닫고 닥쳐올 미래의 위험에 대해서 대비해야겠다는 마음으로 가입한다. 보험을 가지고 있는 사람은 부족한 부분을 보충할 수 있다.

보험은 가입이 중요한 게 아니라 제대로 가입하는 것이 중요하다. 교육 때 귀가 아플 정도로 들은 내용이다. 암진단비 1000만원이 가입되어있다고 생각해보자. 요즘 같이 최신장비와 신약이 개발되어 있는 상황에서 1000만원으로 암을 치료하기에는 너무도 부족한 금액이다. 가입 자체보다는 제대로 된 가입이 중요하다는 것을 적절한 화법으로 접근해서 고객의 마음을 열어야 한다. 교육 중에 많은 화법 책을 받을 것이다. 하지만 막연히 외우기보다는 상황에 맞게 응용하는 것이 필요하다. 고객에게 로봇처럼 말을 할 수는 없지 않겠는가.

❖가족영업이 보험의 시작

당신이 보험을 하려면 영업의 대상을 지금까지 살면서 만나보지 못한, 전혀 모르는 고객을 대상으로 생각하고 있다면 생각을 바꾸어야 한다.

당신의 첫 번째 고객은 가족이다. 보험의 시작은 가족이다. 왜냐하면 가장 편하게 얘기할 수 있고 접근하기 쉽고 자신을 가장 잘 이해해주기 때문이다. 내가 무슨 말을 해도 내가 망신당하거나 체면을 구길 가능성이 거의 없기 때문이다. 보험을 한다고 가장 먼저 당신이 얘기할 상대도 가족이기 때문이다. 하지만 가족이 반드시 가입할 거라는 생각은 버려라. 나도 아버지에게 운전자 보험 상품을 파는 데 너무 힘들었다. 가족이라고 무조건 팔아줄 거라는 생각은 버려라. 하지만 보험설계사의 대부분은 시작이 가족이다. 아무것도 모르는 생초보인데 누구에게 팔 수 있는가. 가족밖에 없다.

❖다음은 지인영업

가족이 영업의 시작이라면 다음 고객은 지인이다. 지인은 친구, 선배, 후배, 직장동료 등 친분이 있는, 알고 지내는 사람들 모두를 포함한다. 어찌 보면 보험회사에서 가장 중요한 고객이 지인이다. 당신이 살아오면서 알았던 사람들 모두가 다 지인에 속한다. 나는 친척도 다 지인에 포함시킨다. 막상 영업을 해보면 가족을 제외한 친척은 지인보다 못한 경우가 많기 때문이다. 지인의 숫자는 자신이 살아온 인간관계에 따라서 달라질 수 있다. 어떤 사람은 지인의 숫자가 500명이 될 수도 있고 어떤 사람은 100명이 될 수도 있다.

지인이 많을수록 유리한 면은 있다. 하지만 실속 있는 지인을 누가 더 많이 알고 있느냐가 중요하다. 알고만 있지만 보험의 대상이 되지 않는 경우도 많기 때문이다. 어찌되었든 보험의 시작이 가족 영업이라면 두 번째는 지인 영업이다. 보험을 시작하고자 한다면 자신의 상품을 팔아 줄 실질적인 사람이 얼마나 되는지 예측해보고 접근하는 것도 필요하다.

❖조기 성과제도

보험회사는 기간별로 목표점수를 정해놓는다. 설계사의 등급에 따라서, 보험료 금액에 따라서, 보험 기간에 따라서 주어지는 목표점수가 다르다. 그 점수를 기준으로 매달마다 정해진 기일 내에 목표점수를 달성하면 우대 혜택을 준다. 그것을 실적점수에 그대로 반영해서 그달의 수수료에 반영한다.

그런 혜택이 있기 때문에 회사는 설계사 개개인이 반드시 달성하기를 바란다. 이는 지점이나 회사 입장에서는 영업실적을 빨리 올릴 수 있도록 하는 자극, 촉매제 역할을 기대하는 것이다.

한 달을 둘로 나누는 것이다. 15일 이전의 성과와 말일 성과를 살피는 것이다. 각 지점에서는 무조건 달성하기를 바란다. 하지만 이는 개인의 입장에서 이익이 되어 좋고 회사에서는 직원들에게 동기부여를 함과 동시에 실적 제고에 좋은 영향을 준다. 이를 못하게 되면 상대적으로 손해를 본다는 느낌도 들고 과하면 마음의 부담이 될 수도 있다. 생각해보면 성과를 내는 만큼 대우를 받는 곳이 보험회사이다.

❖한 달 목표 실적

한 달을 둘로 나누었을 때 15일 이전에 달성해야 하는 목표점수가 있다면 한 달을 통틀어서 달성해야 하는 목표점수도 있다. 이는 사람마다 근속연수와 평균 실적률 등을 통한 정해진 등급에 따라서 다르다. 조기성과도 물론 달라진다. 한 달 목표치를 달성하지 못하게 될 경우 수수료에 큰 영향을 미친다. 기준 목표점수를 달성했거나 목표점수를 훨씬 초과하여 달성했다면 수수료가 커질 수가 있다. 하지만 기준점수가 미달이 되면 수수료가 턱없이 줄어든다. 이는 회사마다 정해놓은 수수료 규칙에 잘 나와 있다.

초반에는 대부분이 달성한다. 하지만 가족이나 친척, 지인들이 점점 감소되어 감에 따라서 이를 힘들어 하는 분들도 있다. 부담이 될 수도 있다는 점을 알아야 한다.

❖마감일은 바쁘다

　보험회사의 마지막 날은 늘 바쁘다. 마감날이기 때문이다. 그날 계약을 완료하지 못하면 다음 달에 보험료가 어떻게 달라질지 모르고 약관상의 어떤 점이 달라질지 모르기 때문에 미리 설계해놓고 서명을 받고 당일에 완료하는 것이 필요하다. 또한 사람의 나이도 생일에 따라서 달라질 수가 있기 때문에 담보와 보장금액이 달라질 수 있다. 그래서 보험회사의 마지막 날은 매우 바쁘다.

　6시 이전에 서명도 받고 계약서를 제출해야 한다. 전자서명이라면 조금 더 여유가 있지만 이 또한 수급을 마쳐야 한다. 마지막 날을 여유롭게 보내려면 그 전날에 모든 계약을 마무리 하는 것이다. 아니면 바로 다음 달로 계약을 며칠 미루었다가 여유롭게 조기성과를 달성하는 것이다. 항상 미리 미리 하고 마지막 날은 출근하지 않고 가볍게 여행을 떠나는 것도 좋은 방법이 될 수 있다.

❖이미 다 가입을 하고 있다

　근무했던 용산의 한 어학원을 방문했다. 원장님은 나를 반갑게 맞이해주었다. 나는 사은품을 드리면서 보험을 시작했다는 소식을 전했다. 고객등록을 부탁하자 선뜻 해주셨다. 그리고 보험을 가지고 계시냐는 질문에 이미 다니고 있는 한 학생의 아버님이 보험대리점을 하고 있어서 학원의 화재보험부터 시작해서 질병, 상해보험을 다 가입해놓은 상태라고 했다. 보험은 그 대리점에서 모든 것을 관리한다는 것이다.

자녀분들은 대학생인데 곧바로 군대를 가야 하는 상황이고 이미 몸에 문제가 있어 가입하기는 힘든 상황이었다. 물론 원장님도 구체적으로 살펴보면 조금은 부족한 부분은 있었으나 그 부분 하나를 군이 채우지 않아도 되는 상황이었다. 별다른 말을 할 수가 없어 주변의 사람들 소개를 좀 부탁하는 정도였다.

춥고 눈이 많이 내리는 하루에 마음도 추웠다. 동료였던 선생님이 마침 교실에 있고 수업이 없어 즐겁게 인사하고 사은품을 주면서 고객등록을 부탁했다. 보험가입 상태를 보니 실손의료비를 가입해놓은 상태였다. 그 외에는 특별한 보험이 없어서 권유를 하고 다음에 설계를 해서 오기로 했다. 하지만 나이가 어리고 월급이 너무도 적어서 선뜻 권하기가 힘들었다. 수업이 있기 때문에 구체적인 대화를 하지는 못하고 다음을 기약해야만 했다.

학원을 나와 돌아가려다 문득 자주 가던 식당이 생각났다. 그래서 발길을 돌렸다. 식당에 들어가자 사장님은 나를 반겨주었다. 어떻게 지내느냐부터 시작해서 요즘 무슨 일을 하느냐고 물었다. 내가 일하던 어학원을 떠나기 전에 인사를 했었기에 나를 아주 잘 기억하고 계셨다.

이분도 교육업에 종사했었기 때문에 나와 대화가 잘 통했었다.

무슨 일을 하느냐는 찰나에 명함을 주었더니 아 하면서 일단 앉아서 얘기하자고 했다. 사은품을 주려고 했으나 괜찮다고 하셨다. 그러고는 자신도 보험을 해봤고, 지금도 동생은 보험대리점을 하고 있다고 했다. 그러면서 자신이 보험할 때 겪었던 경험을 얘기해주면서 자신은 이미 보험을 다 가입해놓은 상태라고 했다. 또한 동생이 대리점을 하고 있어 자녀들도 다 가입을 해놓은 상태라고 했다.

그래도 미리 경험했던 사람의 얘기를 들었던 점이 도움이 많이 되었다.

충고와 조언을 마음속에 새기며 작별 인사를 했다. 실질적으로 도움이 되는 얘기를 들었다. 아는 사람들을 만날 때마다 보험 1, 2개는 다 가입을 하고 있다는 것에 놀랐다. 한편으로는 보험가입을 꺼리는 사람들임에도 보험을 이미 다 가입을 해놓은 것이 아이러니하기도 했다.

❖누구를 만나야 할까

누구를 만나야 할까. 내일은 누구를 만나서 어떤 얘기를 하고 어떤 상품을 팔아야 할까. 이런 고민은 보험을 처음 시작하든 1년을 하든 10년을 하든 누구나가 하는 공통된 질문이다. 아침에 일어나서, 아니 전날 밤에 정해놓지 않거나 떠오르는 사람이 없다면 막막함이 밀려오면서 목적의식이 사라져 버린다. 열정도 함께 식어버린다. 그러면 생기 없는 하루를 보내게 된다.

또한 조급함이 밀려온다. 그렇게 되지 않기 위해서 늘 고민을 해야 한다. 이것이 보험의 삶인 것이다. 하루쯤 고객을 만나지 않고 쉰다고 해도 큰 영향은 없다. 하지만 그 리듬이라는 것이 한 번 깨지면 다시 규칙적인 리듬을 형성하는 데 시간이 걸린다. 그래서 끊임없이 고객을 발굴해야 하고 긴장의 끈을 놓지 말아야 한다. 누구를 만나야 하는지 고민 하지 않도록 미리 미리 대비해야 한다.

❖보험에 대한 고정관념

나는 그런 생각을 해보았다. 보험이 아무리 영업이라도 해도 만나기도 싫은 사람을, 모르는 사람을 찾아가서 왜 꼭 만나야 하며 어떻게든 가입을 시켜야만 하는 걸까. 당연히 보험이 사람들에게 필요한 것임은 분명하다.

마트의 상품을 살펴보자. 그곳에 있는 모든 물건은 우리에게 당연히 필요한 것이다. 그 모든 상품이 우리에게 일일이 찾아와서 보험처럼 영업을 하지는 않는다. 왜 보험만이 유독 그러는 걸까. 왜 팔기 위해 뛰어다녀야만 하는가. 고객이 먼저 와서 찾지는 않는 걸까. 누구는 그럴 수 있다. 내가 영업을 모른다고. 당신도 생각할 수 있다. 하지만 당신도 보험을 한다면 그런 생각을 한 번쯤은 할 것이다. 그런 때가 올 것이다. 당신은 어떻게 대답을 할 것인가.

나는 이 문제를 상품의 문제가 아니라 한국에 뿌리 깊게 박혀 있는 보험에 대한 고정관념에서 비롯되었다고 생각한다. 보험하면 사람들은 얘기도 듣기 전에 고개를 절레절레 흔든다. 보험이 어찌 보면 사람이 위험에 처했을 때 위기에서 꺼내 줄 유일한 삶의 희망이 될 수 있는데도 그들은 그렇게 대한다.

누가 이렇게 만들었을까. 바꿀 수는 없을까. 이건 스스로 자신에게 물어보면 답이 나온다. 자신은 보험을 지금, 아니 영업 이전에 더 내려가서 어릴 때 어떻게 생각했었는가. 어떤 고정관념이 있었고 주변에서 보험에 대해서 어떻게 들었는가. 보험을 파는 사람들을 보면서 어떻게 생각을 했었는가. 이런 것들을 생각하면 답이 나온다. 하지만 영업을 하려는 당신은 이런 현실은 받아들이고 극복해야 하는 것은 틀림없다.

❖영업이 이런 것인가?

"요즘 많이 힘든가 봐. 영업이 처음이라서 잘 모르나본데 여기는 푸시 영업이야. 그래도 기본은 맞추어야 해." 지점의 팀장이 전화를 걸어 나에게 했던 얘기다. 아직도 잊히지 않는다.

팀장님도 이렇게까지 말씀하고 싶지는 않으셨을 것이다. 다 사정이 있을 것이다. 하지만 이 말이 나의 뇌리를 스쳤고 한동안 잊히지 않았다. 영업조직이 처음인 내가 그런 말을 당연히 들어본 적이 없었다. 영화나 드라마에서 들어봤을 법한 그런 말을 들으니 당연히 가슴에 박힐 수밖에 없다. 영업 시작한 지 2달밖에 안 되었는데 계약이 없다는 것을 이상하게 생각할 수도 있지만(보통 3개월은 가족, 지인 등이 보험을 팔아준다는 측면을 볼 때), 내 입장에서는 정말로 노력은 했으나 계약이 나오지 않아서 힘들었던 한 달이기도 했다.

밤낮으로 돌아다니고 아는 사람들을 모두 찾아다니며 부탁했고 심지어 개척도 했다. 그런데 결과가 이런데 이런 말을 들으니 이런 곳이 영업조직이구나, 과정보다는 결과를 중시하는 문화라는 생각이 들었다. 그럼 이런 상황에서 나는 어떻게 해야 하나. 한동안은 적극적으로 개척 용품이라든지 필요한 물품이 있으면 얼마든지 요청하라고 했다. 몸 상하지 않도록 천천히 하라고 했다. 이런 말을 불과 1주일 전에 팀장님이 했었는데 이 말을 들으니 심히 받아들이기 힘들었다.

점심을 먹는 자리에서는 전화통화에서 했던 말을 하지는 않으셨다. 그냥 즐겁게 먹었다. 이 또한 영업 조직은 이런 것이구나 생각을 했다. 서로 힘들지만 그렇게 할 수밖에 없는 그런 것이다. 한편으로는 받아들이기 힘들었지만 또 다른 한편으로는 이해가 되기도 했다. 나와 같은 사람을 수도 없이 보았을 것이고, 그렇기 때문에 팀장님도 힘든 건 다 알 것이고 그분 또한 다 겪으셨을 것이다.

❖자신의 보험 계약하기

월 초에 대부분의 동기가 자신을 피보험자로 해서 보험을 하나씩 가입했다. 15일 이전의 실적을 맞추기 위해서였다. 물론 자신이 보험을 가지고 있지 않기 때문인 이유도 있다. 나는 혼자서만 그렇게 하지 않았다. 어떻게든 남은 기간에 열심히 뛰어서 상품을 팔고 싶었다. 그리고 내 보험만큼은 보험 상품에 대해서 충분히 배우고 깨달아서 나에게 맞는 최고의 상품으로 최적의 설계를 하고 싶었다.

15일 이전에 팔 수 있도록 노력했다. 밤낮으로 전화하고 사람을 만나며 개척을 해서 설계해 가져가 보고 내가 할 수 있는 온갖 노력을 다 했다. 그런데 15일 이전에 팔 수 없어 어쩔 수 없이 내 계약을 넣었다. 간신히 목표점수만 맞추었다. 그 와중에서도 최적의 설계를 해보겠다고 보험료 대비 최고의 담보를 넣었다 뺐다를 반복하기도 했다. 그렇게 15일이 가고 내 보험이 하나 생겼다. 조금은 아쉽지만 긍정적으로 생각했다. "남은 15일에는 반드시 팔 것이다"를 외치며 부끄러운 시상인 영화 관람과 즐거운 식사를 즐겼다.

한 달이 이렇게 짧다고 느껴본 적은 없었다. 2주가 남았지만 그래봤자 주말을 제외하고 10일이다. 주말에 보험으로 사람을 만나기는 쉽지 않았다. 모두가 바쁘기도 하고 황금 같은 주말에 보험설계사를 만나려고 하지는 않았다. 오전에 교육받고 오후교육은 받지 않는다고 해도 오전은 그냥 가버린다. 그리고 오후도 사람들에게 연락하고 제안하고 하다 보니 금방이었다. 주말을 보내도 편안한 마음은 아니었다. 나는 급하지만 상대방은 급하지 않았다.

그렇게 보내다가 결국 마감이 임박했다. 2일 전에 어쩔 수 없음을 깨닫고 다시 또 내 계약을 넣었다. 이왕 이렇게 된 거 목표점수에 맞추는 것이 아니라 돈이 조금 더 들더라도 제대로 된 설계를 하고 싶었다. 그래서 심혈을 기울어서 내 보험을 설계했다. 쓸쓸하기도 했지만 어쩔 수 없는 상황이었고 보험이 없는 나에게 이번이 좋은 기회라는 긍정적인 생각으로 나를 합리화했다.

❖이래서 자신의 보험 계약을 하는구나

당신도 경험하게 될 수 있다. 마감 날에는 어쩔 수 없이 당신의 계약을 넣을 수밖에 없다는 것을. 하지만 이 또한 조금의 제약이 있다. 언제나 자신의 계약을 넣을 수 있는 건 아니다. 자신의 계약은 정해진 기간이 있다. 또한 보험설계사 자신의 계약을 넣을 수는 있으나, 이는 각 지점의 성과로 반영을 하지 않기 때문에 보통 계약자와 피보험자를 동일인으로 해야 하나 이럴 경우는 계약자를 다른 사람으로 설정한다. 이렇게 해서 마감 날이 다가올 때는 특별한 경우로 자신의 보험을 넣는다.

월 초에 내 계약을 할 때만 해도 이런 상황은 오지 않기를 바랐는데 오고야 말았다. 은근히 억압은 있으나 개의치 않고 그냥 보내려 했다. 이번 달은 어쩔 수 없다고 말씀은 드렸으나 내 계약을 할 수밖에 없는 상황에 수긍할 수밖에 없었다. 마감이 하루 남았는데 하루 만에 보험료30만원을 팔 수는 없었다. 그래서 이번에는 실적에 급급한 설계가 아니라 제대로 된 나의 보험을 설계하고 싶었다. 그래서 두 가지를 결합하여 설계를 했다. 형을 계약자로 하고 나를 피보험자로 해서 일단은 설계를 했다. 밤에는 형에게 가서 상황을 전달하고 서명을 받았다. 보험료는 내 통장에서 인출되고 1년쯤 지나서 계약자를 내 이름으로 변경하기로 했다.

보험회사에서 일을 해보니 자신의 계약을 넣는다는 걸 이해할 수 있었다. 말로만 들었지 막상 그 상황에 처해보니 나도 그럴 수밖에 없었다. 목표점수를 맞추었을 때의 수당으로 보험료 약 10개월 치를 낼 수 있으며 매달 쌓인 수당이 함께 나오기에 다들 그런다는 것을 이해할 수 있었다.

그렇게 한 달을 고생하고 나서 나의 실패 원인이 무엇인지 곰곰이 생각해보니 문제의 해답은 여유로움이었다. 나는 물건을 파는 데만 급급했다. 상대방에게 너무 조급하게 보였다. 상대방은 그런 나에게 진정으로 자신이 닥칠 미래의 위험을 고민해 준다는 인상보다는 상품을 빨리 팔려고만 한다는 인상을 받았을 것이 분명했다.

좋은 깨달음이었다. 결국 이렇게 되고 보니 다른 동기들처럼 자신의 계약을 넣고 마음 편하고 여유롭게 영업을 할 것을 하는 생각이 들었다. 그렇게 했더라면 몸과 마음이 덜 상처를 받고 다른 결과가 나왔을지도 모른다. 하지만 좋은 경험이었고 깨달음이 주는 교훈 또한 달고 썼다는 점에 감사했다.

❖자신의 계약을 왜 해야 하는가

보험을 하다 보면 자신이 계약을 할 때가 온다. 나는 그마나 보험이 없었기 때문에 다행이었다. 하지만 지금은 때가 아니라고 생각했다. 그런데 심사숙고해 보니 사람의 앞일을 알 수 없는데 지금 보험을 넣어서 빨리 보장을 받음과 동시에 기본 실적을 맞추어서 수수료를 받으면 더 이익이라는 결론이 섰다. 물론 장기 보험이기에 20년간 보험료를 내야 하는 건 감수해야만 했다. 그래도 미래를 보장받을 수 있다는 건 그 무엇과도 바꿀 수가 없는 것이다.

회사는 여러 항목을 두고 기본 실적을 맞추었을 경우에 수당을 준다. 만약에 실적을 맞추지 못한다면 나에게 나오는 수당은 극히 적다. 적은 정도가 아니라 한 달 차비도 안 나온다. 그렇기 때문에 급할 때는 자신의 계약이라도 넣는 것이다. 1년 가까이 나오는 수당으로 자신의 보험을 넣는 것이다. 다음 달에는 당연히 노력해서 상품을 팔고 수수료를 이어가면 되는 것이다. 그럼 자연스럽게 한 달 한 달 자신의 보험료도 낼 수가 있고 보장도 받는 것이다. 자신의 보험료보다 700프로 이상의 수수료를 받는다면 손해 볼 건 없을 것이다. 물론 억대연봉자들 중 이를 잘 활용하는 사람들도 있다. 일을 하다보면 그곳의 섭리가 보일 것이다.

❖무엇이 합리적인 설계인가

보험 설계를 하다보면 당신도 나와 같은 갈등을 한 번쯤은 할 것이다. 보험은 어떻게 설계하느냐에 따라서 보장금액, 보험료, 보장기간, 환급액

등이 달라진다. 모든 것을 일반 사람들이 알기는 힘들다. 아니 복잡해서 설명을 해도 이해하지 못한다. 무엇보다도 일반인들은 알고 싶어 하지 않는다. 바쁜 세상이기에 자신이 가입하는 보험이 어떤 보장을 받을 수가 있는지, 보험료가 얼마인지 등에만 관심이 있을 뿐 별도로 보험에 대해서 공부할 시간이 없다. 단지 보험설계사들은 직업으로서 매일 교육받고 실습을 해보기 때문에 알 수 있는 것이다.

보험은 보장을 많이 가져가면 그만큼 보험료가 올라간다. 그런데 내가 말하고자 하는 건 고객에게 이로운 경우와 나에게 이로운 경우, 둘 다 이로운 경우를 말하는 것이다. 미묘한 차이가 있다. 어디에 약간의 가중치를 두느냐의 문제다.

높은 보험료 다시 말해서 보장에 대한 것만 고객이 가져가게 될 경우 고객은 보험료가 저렴해질 수 있다. 하지만 보장만 가져가기 때문에 환급액은 줄어들 수밖에 없다. 아니 만기 시점에 환급액이 없을 수도 있다. 이를 원하는 고객이 있고 그렇지 않은 고객도 있다. 아예 그런 것에 관심이 없어 설계사가 해놓은 설계를 그대로 따라가는 경우도 있다. 여기서 설계사는 갈등을 한다. 보장에 적립을 더 넣는다면 그리고 납입기간을 길게 한다면 보험설계사는 목표점수에 도달하기 수월해진다. 물론 그렇다면 보험료는 올라가게 된다.

물론 이것도 고객이 보험료를 받아들일 수 있느냐의 문제가 있기는 하다. 받아들이면 고객도 나중에 환급액이 커질 수 있고 중도에 돈이 필요하면 인출을 할 수도 있다. 이를 활용하는 고객은 나중에 보험이 도움이 된다고 느낄 수 있다. 하지만 이를 받아들이지 않고 돈이 없으니 무조건 낮은 보험료를 원한다면 고객은 나중에 후회할 수도 있다. 이는 당신이 선택할 문제이다.

어떤 상품을 활용하고 어떤 담보를 넣고 보장금액을 어느 정도 설정하고 납입기간을 어떻게 정하느냐, 보장기간은 어떤지를 고객에게 적합하면서 합리적인 방법으로 설계해야 한다. 이는 당신의 몫이다. 어느 쪽도 정답은 없다.

❖누구를 위한 보험인가

보험은 고객의 미래를 보장해주기 위한 것이 되어야 맞다. 설계사는 언제 닥칠지 모르는 미래의 위험에서 고객이 대비를 할 수 있도록 도와주는 역할을 한다. 사람의 미래를 아는 사람은 없기 때문이다. 그런데 일을 하다보면 주객이 전도되는 상황이 될 때가 있다. 왜냐하면 보험회사도 조직체이기 때문에 보험이라는 상품을 팔아서 운영되는 회사이기 때문이다.

만약에 당신이 그 달의 실적이 없다면 목표치에 맞추기 위해서 어쩔 수 없이 자기 자신의 질병보험, 상해보험 더 나아가 현재 살고 있는 주택의 주택보험을 가입한다. 이것도 안 되면 형제, 자매, 친척 할 것 없이 다 연락을 해서 조른다. 보험이 있음에도 이번에 더 좋은 상품이 나왔으니 현재 가지고 있는 상품을 보강하거나 같은 보험료지만 보장을 더 크게 가져갈 수 있도록 설계를 할 수 있다고 하면서 설득을 한다. 또한 정 안 되면 2년만 넣고 그때 상황 보고 해지하는 건 어때라든가, 이번에 가입하면 회사에서 좋은 시상품이 있다고 언급하면서 유혹한다.

이런 상황을 경험하게 되면 문득 누구를 위한 보험가입이지? 나 자신을 위해서? 고객을 위해서? 회사를 위해서? "어떤 게 올바른 답이지?"라는 질문에 휩싸인다. 세상을 살다보면 항상 답이 정해져 있는 것은 아니다. 그런데 이 질문은 왠지 답을 찾기가 씁쓸했다.

❖경험한 사람에게 보험을 배우다

내가 일을 하던 어학원 근처에 자주 가던 식당이 있다. 자주 가다보니 사장님과 자연스럽게 친해졌다. 그래서 그분도 과거에 교육업에 종사했다는 것도 알게 되었다. 그러면서 좀 더 가깝게 되었다.

어학원을 떠난다는 말을 하고 찾아가 보지 못했다. 그래서 인사도 하고 식사도 할 겸 해서 찾아갔다. 오랜만이라고 하면서 나를 반겼다. 여전히 호탕한 모습이었고 저녁 때가 되어서 그런지 여전히 손님들과도 즐거운 대화를 나누면서 술도 한잔하고 계셨다. 사은품을 하나 건네니 어떤 일을 하고 있는지 이해한다며 사양하셨다. 그러면서 자신도 보험을 했었다고 고백했다. 교육 쪽에 오랫동안 종사했었던 걸 익히 들어서 알았는데 퇴직한 후에 보험을 했다는 건 몰랐다. 집안에 친척 중의 한 명은 보험대리점까지 하고 있다고 했다.

그러면서 나에게 여러 가지 조언을 해주셨다. 그분은 내가 어떤 고민을 하고 있고 어떤 생활을 하고 있는지도 훤히 잘 알고 계셨다. 추운 겨울에 돌아다니기 힘들지 않느냐고 하며 위로까지 해주셨다. 퇴직 후에 나이가 들어서 할 일도 없고 해서 주변의 권유로 보험을 했는데 자신도 보험을 하면서 정말로 고생을 많이 했다는 것이다. 그러면서 자신이 겪은 다양한 경험을 얘기해 주셨다. 이에 덧붙여 자신이 깨달은 영업 노하우도 공개해주셨다. 그건 다음과 같다.

첫째, 고객은 보험 상품에 대해서 하나하나 알기를 원하지 않는다는 점이다. 설명을 해도 이해하지 못하며 고객은 오직 보험료에만 관심이 있다는 점이다. 설령 설명을 하더라도 담보 하나하나에 대해서 길게 설명해도 모르기에 대략적인 수준에서 얘기해주면 된다는 것이다.

둘째, 보험료는 내가 정해서 알려주어야 한다는 점이다. 가능한 3개의 보험료를 알려주고 그 중에서 선택하게 한다. 고객은 그 중에서 가장 낮은 보험료를 선택하게 되어 있다는 점이다.

셋째, 고객 또는 친구, 지인의 자존심을 좀 건드리는 방법도 있다. 보험료가 20만원, 15만원, 10만원 이렇게 세 가지가 있다고 말을 하고 20만원은 비싸서 너는 못하잖아 하면서(친구의 예) 자존심을 은근히 건드리면 20만원의 보험료로 가입을 한다는 것이다. 아니면 그보다 약간 적은 보험료로 가입을 한다는 것이다. 이에 상응하여 15만원의 보험료로 가입시키려고 한다면 20만원의 보험료 설계를 함께 가져가서 15만원이 덜 비싸게 느껴지게 해서 가입을 시킨다는 것이다.

넷째, 고객에게는 "하실래요? 하시죠?" 등의 의문형이나 청유형이 아니라 "하시죠, 해라(친구의 경우), 해줘라." 등의 명령형이어야 한다는 점이다.

다섯째, 제안서도 출력해서 가져갈 필요가 없다. 그냥 "얼마짜리 보험 가입하실래요."의 화법이 좋다는 것이다. 고객은 상품설명도 필요 없다. 보장과 적립을 말해도 잘 모른다는 것이다.

여섯째, 사람들은 보험료가 비싸다고 가입을 안 하는 것도 아니고 저렴하다고 반드시 가입을 하는 것도 아니다. 보험 가입을 할 사람은 어떤 경우든 가입하게 되어 있다. 그래서 주눅들 필요도, 냉대 받을 이유도 없는 것이라고 했다.

그러면서 마지막으로 조언을 해주었다. 여자도 힘들지만 여자보다 남자가 더 힘든 게 보험이고 길어야 1년이라고 했다. 여자는 아파트를 방문해도 부담 없이 가정주부들과 소통할 수 있고 부담스럽게 느끼지 않는다는 것이다. 남자는 무서운 세상에 방문하는 거 자체를 부담스러워 한다는 점이다. 또한 가정의 경제권을 대부분 여자가 가지고 있어서 남자는 다 여자에게 물어보아야 한다는 것이다. 그리고 내가 원래 종사했던 분야에서 일을 하라는 것이다. 남들보다 크게도 아니고 조금만 더 노력하면 성공할 수 있다는 말을 강조하셨다.

사장님을 방문하기를 잘 했다는 생각과 동시에 자신감도 생겼다. 사람의 과거는 알 수 없는 것이고, 어떤 분야든 경험자에게 배워야 한다는 것도 깨달았다. 나는 이런 멘토가 처음부터 필요했던 것이다. 멘토를 잘 만나는 것도 자신의 타고난 운이니 어쩔 수 없다는 생각을 하면서 다시 추운 바람을 쐬며 길을 나섰다.

❖고성과 인센티브

보험회사에서 월급을 더 받을 수 있는 방법 중의 하나는 인센티브를 받는 것이다. 시상과 시책이 주어져 받을 수 있는 것도 있지만 3개월마다

합산 성적으로 인센티브를 주기도 한다.

내가 3개월 차일 때 고성과 인센티브로 인해 많이 힘들었다. 운이 좋아서 30만원의 보험료를 월 초에 팔았다. 그래서 마음의 여유가 있었다. 그래서 자세하게 실적을 따져보니 5만원 정도만 하면 그 달의 목표실적과 더불어 고성과 인센티브도 탈 수 있었다. 5만원은 정말로 보험회사에서는 어렵지 않은 금액이다.

남은 2주 동안 충분히 할 수 있을 거라고 생각하면서 좀 더 여유롭게 영업을 했다. 그런데 보험회사에서의 시간은 왜 이렇게 빠른지 모르겠다. 1주일이 넘어가고 마지막 7일밖에 남지 않은 것이다. 나는 정말로 7일 동안 세상이 보이지 않았다. 오로지 5만원의 실적만 생각했고 이것을 누구에게 팔아야 할지만 고민했다. 5만원을 팔지 못하면 이달의 실적과 더불어 고성과 인센티브, 50만원도 받지 못하는 셈이 된다. 아무것도 아닌 5만원으로 100만원 가까운 돈이 날아간다고 생각하니 마음의 여유도 없고 이것이 나를 옥죄어 왔다. 그래서 주변의 많은 사람에게 욕먹을 각오를 하고 전화를 했다.

이전에 접촉했지만 실패하여 나에게 상처만 남겨주었던 사람들에게도 전화를 하면서 상품에 대해서 다시금 설명을 했다. 나중에 그 사람들을 다시 볼 수 없어도 어쩔 수 없다는 생각으로 무작정 들이댔다. 예상했던 대로 모두가 보험에 대해서는 냉정했다. 전화 자체를 여전히 받지도 않고 문자에 답도 없는 경우도 허다했다. 나중에는 어머니부터 시작해서 형까지 전화해서 주변 사람을 좀 소개해 달라고 했다. 말이 좋아 소개지, 사실 하루아침에 어디서 보험에 가입할 사람을 데려오겠는가. 결과는 뻔했다.

하루하루 몸의 상태는 안 좋아졌다. 정신적, 육체적으로 몸은 균형을 잃어서 쇠약해져만 갔다. 위장장애는 기본이고 가슴이 답답하고 숨을 쉬기도 힘들어졌다. 신경은 극도로 과민해져 목이 조여 오고 금방이라도 하늘이 무너질 거 같은 공포감도 느껴졌다. 약을 먹어도 소용없었다.

너무 힘이 들어서 병원에 가야겠다고 마음을 먹었다. 그런데 그날따라 내가 아는 병원이 휴원 또는 폐업이었다. 마침내 내가 아는 또 다른 병원에 가서 죽을 거 같은 나의 상태를 얘기하고 진찰을 받고 링거를 맞았다. 누워서 자고 일어나니 몸과 마음이 안정을 찾았다. 생사를 오가는 그런 상태였다. 정말로 이 5만원이 무엇이기에 나를 위협한단 말인가. 너무도 힘든 경험이었다.

지방의 부모님을 방문하고 어머니께서 추천해 준 한의원에 가서 한약을 짓고 쉬다가 다시 집으로 올라왔다. 한의사말로는 좀 쉬어야 한다는 것이었다. 뇌에 과부하가 걸려서 그런 것이니 약을 먹고 좀 쉬라고 했다. 그렇게 마음을 비우고 올라왔다. 하지만 증상이 지속되어 힘들었지만 참았고 안정을 취하려고 노력했다. 하지만 이 5만원이 해결되지 않은 채, 머릿속에 계속 남아있으니 쉰다고 쉬는 것도 아니었다.

❖1퍼센트의 확률을 100퍼센트로

마감 날은 하루하루 다가오고 있었다. 보험회사는 출근도 못하고 있는 상황에서 형이 주말에 부모님께 내려간다는 것이었다. 형이 휴가라고 해서 함께 내려가자고 했지만 올라온 지 얼마 되지 않아 다시 내려가지 않으려 했다. 하지만 형이 내려가면 한두 명의 친구를 만날 것이고, 그 분들에게 권유를 어떻게든 해보면 가능성은 있지 않을까 생각했다. 몸 상태가 너무도 좋지 않았지만 집에서 가만히 있는 것보다는 조금의 확률이라도 있다면 시도하는 편이 낫다는 결론을 내렸다.

피곤한 몸에 도착 후 잠시 쉬다가 문득 형의 친구가 떠올랐다. 이대로 가만히 있을 수는 없었다. 마음을 비우고 사전정보만 파악하려고 전화기를 들었다. 그 형은 보험에 전혀 관심도 없고 이미 가입해 놓은 것이 있다며 거절에 거절을 했다.

조금은 섭섭했지만 이번 주말이 지나고 나면 더 이상의 영업은 할 수 없다는 생각이 앞섰고 만날 사람도 없어 그냥 자포자기의 심정이었다. 어쩔 수 없다. 이번 달은 아쉽지만 그냥 이것에 만족하자 다짐했다. 그렇게 모든 것을 내려놓고 그 친구를 만나러 가는 형을 따라 나섰다. 그냥 재미있게 놀자. 마음은 그렇게 편하지만은 않겠지만. 그렇게 생각했다. 형은 만나게는 해주는데, 자리는 마련해 주는데 그 다음은 네가 영업을 하라고 했다.

나와 형이 함께 나온 것을 보고 그 형은 놀랐다. 내가 지방에 내려온 것을 말하지 않았기에 서울에서 전화를 했던 걸로 알고 있었기 때문이었다. 나는 보험가입을 안 해도 고객등록만은 해줄 수 있지 않느냐 하면서 고객등록을 얻었다. 보험을 살펴보니 부족한 부분이 참 많았다. 보험은 있으나 부실했으며 특히나 운전자보험을 포함해서 상해, 골절보험 등이 없었다.

달리는 승용차였지만 급한 대로 보험의 필요성을 설명하고 단 돈 5만원이면 해결된다는 점을 강조했다. 또한 오늘 술을 마시고 먹는 비용이면 미래의 위험에서 보장받을 수 있는 측면을 설명했다. 한 달에 고작 5만원으로, 하루 술값으로 10개가 넘는 보장을 받을 수 있다며 권유했다.

나는 탭으로 즉석에서 가입 설계를 했다. 실제적인 보험 서명은 마감하루 전날 했지만 예상했던 5만원, 10만 2천 포인트 실적 점수는 달성했다. 정말로 가까스로 달성했다. 감사했다. 나도 감사의 마음을 여러 방면으로 표현했지만 형도 감사하고 가입해준 형의 친구도 감사했다. 보험이라는 것이 정말로 힘들다는 것을 다시금 깨달았다. 정말로 힘든 2주였다.

❖과정보다는 결과로 판단하는 곳

고민을 많이 했다. 내가 보험을 한다고 알릴 수 있는 사람에게는 다 알렸다. 이들이 언젠가는 보험에 관심이 있을 때 나를 찾을 것이라는 희망 고문을 나 자신에게 시켰다. 그런데 문제는 이들이 나를 찾기 전까지 내가 매달 실적을 채울 수 있느냐는 것이었다. 그 사람들이 가입하고 싶어서, 보험의 필요성을 느껴서 오기도 전에 내가 보험영업으로 살아남지 못할 수도 있다는 생각이 나의 뇌리를 스쳤다.

살아보니 세상이 그렇다. 사회라는 게 다 그렇다. 아무리 공부를 열심히 했어도, 늘 좋은 성적을 거두다가도 한 순간에 실수로 시험을 망쳐서, 그로 인해 좋은 대학을 가지 못하면 과거의 열정적이었던 것, 고통 받고 고민했던 지난 간 과거는 그냥 지워져 버린다. 누구도 그걸 기억하고 높이 평가하려 하지 않는다. 아니 평가는 고사하고 위로조차 없다. 현재의 상태로만 평가할 뿐이다. 인생이 그렇다. 아무도 알려고 하지 않는다. 결과가 어떻게 되었는지에만 관심이 있고 그것으로 사람을 평가하는 것이다.

보험이 그렇다. 아니 모든 영업이 그럴 것이다. 한 달 내내 뛰어다니고 마음의 상처를 받고 다시 추슬러서 일어나고 도전한다. 하지만 그때그때의 실적을 맞추지 못하면 목표 달성 게시판에 사진이 붙지 않고 구석에 쓸쓸히 사진이 떨어져 있다. 과정은 없다. 주변에서 그 사람이 얼마나 노력했는지를 하루하루 지켜본 사람은 이해하겠지만, 실적만 놓고 보는 회사의 입장에서는 그 과정은 없다. 실적이 제로면 노력도 제로로 되어버린다. 씁쓸하지만 이게 보험영업의 현실이다. 보험영업의 삶이다.

하지만 일어나야 한다. 요즘 김광석의 '일어나'를 듣는다. 어찌 우리 사람의 인생을 그리도 잘 표현했는지 마음이 아려온다. 그렇다, 우리는 쓰려져도 봄의 새싹처럼 다시 일어나야 한다. 그것이 바로 인간이다. 그래서 인간이 위대한 것이다. 어둠속에서 아무것도 보이지 않아도, 어디를 가야 할지 몰라도 결국은 빛을 만들어내는 인간이다. 그런 정신으로 문명을 이룩해온 인간이다. 그대도 그 중의 한 명이라는 것을 명심하자.

❖개척은 시간이 필요하다

개척은 내가 전혀 모르는 곳에서 영업을 하는 것이다. 지나가는 사람에게 보험 홍보를 할 수도 있고, 낯선 상가나 가게 등에 접근해서 보험의 필요성을 얘기하면서 계약을 이끌어내는 것이다. 개척 영업이라는 것이 쉽지는 않다. 보통 6번은 방문해야 한다고 하는데 내가 생각하기에는 그보다 더 걸리는 것 같다.

생각해보라. 당신이 정말로 보험이 필요한 상황이고 가입을 해야 한다는 마음이 있었다면 보험설계사가 다가와서 말을 한다면 열린 마음으로 그 사람을 환영하고 적극적으로 보험가입을 하려고 할 것이다. 하지만 이런 고객은 극히 드물다. 대부분이 사람이 보험을 가지고 있는데다 일반적으로 보험에 대해서 관심이 없다. 열심히 일을 하고 있는데 낯선 보험설계사가 보험에 대해서 말을 하면 잡상인 정도로 생각한다.

태어나서 처음 보는 사람에게 무엇을 믿고 10년, 20년 동안 납입해야 하는 보험에 가입하겠는가. 사람이 친분을 쌓으면서 감정적, 정서적 교류를 해야 한다. 그렇게 서로 친해지는 시간이 3개월은 걸린다고 생각한다. 그 기간 동안에 고객은 당신에게 더 이상 오지 말라고 화를 낼 수도 있고 냉소적으로 대하며 무시할 수도 있다. 그래서 중간에 포기할 수도 있다. 3개월을 일주일에 한 번씩 방문한다고 해도 12번 정도인데 반드시 된다는 보장은 없다. 개척은 이런 것이다.

❖개척영업은 경험자에게 배워라

보험을 하는 데 있어 피할 수 없는 영업은 개척영업이다. 보험영업을 시작한 지 얼마 되지 않았다면 주변의 지인으로도 얼마든지 영업을 해서 영위할 수는 있다. 하지만 그 지인은 한계점이 보인다. 그 다음부터는 개척영업으로 시작해야 하고 그 개척이 토대가 되어 소개가 이루어지면서 영업의 범위가 넓어지는 것이다. 개척이 영업의 가장 큰 부분을 차지하고 있기 때문에 무조건 달려드는 것보다는 학습을 한다면 더 효과적일 것이다.

하지만 개척은 정말로 이론으로만 배우면 안 된다는 것을 깨달았다. 특히나 개척도 제대로 안 해본 사람들이 이론으로만 가르치는 경우가 있다. 본인은 해보지 않고서 이런 저런 사람들의 말을 듣거나 기존의 문헌을 이론으로 정립하여 가르치는 사람들도 있다. 실제적으로 경험해보지 않은 사람이 가르치는 교육은 피하라는 말을 하고 싶다.

하루는 내가 지인이 없어 영업하는 데 어려움을 겪자 개척으로 매달 실적을 올리고 있는 설계사를 소개받았다. 그분은 원래 영업을 하셨던 분이기는 하지만 보험영업은 처음이었다. 하지만 나름의 소신과 철학이 있었다. 개척영업도 본인의 노하우가 있기 때문에 가르쳐주지 않는 경우도 있다. 나도 많은 대화를 나누지를 못했다. 그리고 실제 함께 개척현장을 가서 몸으로 배웠어야 했는데 그럴 시간이 주어지지 못했다. 하지만 분명한 건 비록 1시간이었지만 이론으로 배우는 것보다는 역시 달랐다는 점이다.

현재 개척으로 좋은 성과를 내고 있는 사람에게 실제 개척 현장의 생생한 이야기를 들어야 도움이 된다. 자신이 처음 개척을 어떻게 하게 되었으며 어떤 접근방식을 가지고 있고 어떤 상황에서 어떤 대응으로 인하여 가입까지 이루어졌는지를 배워야 한다. 만약 상처를 받았다면 어떤 방식으로 극복을 했는지 깨달은 노하우를 배워야 한다. 틀에 박힌 이론은 별로 도움이 되지 않는다.

🎹 개척영업의 비법··

1. 인사로 접근한다.

안녕하세요. OOO 화재보험입니다. 화재보험 가입하셨습니까?

(가입을 했다고 하면) 어디에서 가입하셨나요. 어디로? 잘 아시는 분인가요? 관리 잘 받고 계세요? (그렇다고 하면) 다행입니다. (칭찬) 잘 가입하셨어요!

① 가입을 했을 경우는 다른 얘기로 화제(좋아하는 스포츠, 영화 등)를 돌린다.

*항상 개방형 질문을 한다. 보험 얘기 말고 서로 공감되는 주제를 선택한다.

　- 예를 들면 경기가 안 좋은데 요즘 어떠세요? (인건비와 재료비 인상)

　=>한 번에 무엇을 하겠다는 생각을 버려라

② 가입을 안 했을 경우에는 보통 고객은 가격을 묻는다.

　- 얼마예요? 설계를 해봐야 됩니다. 설계해서 가져다 드리겠습니다.

＊명함, 주소, 평수, 인테리어 비용, 집기, 동산을 파악하여 다시 방문시간을 잡는다.

＊반드시 약속 시간을 지킨다

③ 비싸지 않은 바인더를 구입한다.

- 제안서와 명함을 동봉한다.

- 화재보험에 대해서 자세하게 설명할 수 있는 자료를 스크랩한다.

- 공부를 철저히 해서 간다.

＊3년짜리는 환급률이 적다. 5년이 환급률이 높다

＊은행 금리는 1퍼센트 정도이지만 보험은 2.45퍼센트 복리로 적립+보장을 동시에 가져갈 수 있다. 나머지는 사업비에서 빠진다 등.

2. 고객은 두 가지로 반응한다.

① 생각해보겠다. 집에 가서 상의해보겠다.

- 이럴 땐 내일 방문해도 될까요? 아니면 언제 방문할지 방문 약속을 잡는다.

- 내가 급하다고 재촉하면 안 된다. 기다려야 한다.

- 거절을 해도, 그럼 알겠습니다. 사장님 재산을 지켜드리는 건데… 그럼 다음에 한 번 방문하겠습니다. 궁금하실 때 연락주세요 하며 마무리한다.

② 승낙을 할 경우 그 자리에서 바로 전자서명을 한다. 시간을 많이 주면 안 된다.

3. 자신과 대화가 통하지 않는 고객을 굳이 설득할 필요 없다.

보험영업은 오라는 곳은 없어도 갈 곳은 많다. 자신감을 가지고 당당하게 접근한다.

대신 회사의 부정적인 말은 절대 금지다.

4. 전날 갈 곳을 정해놓아야 한다. 지하철 주변은 이미 가입했을 확률이 높다.

새로운 곳, 가게의 업종이 자주 바뀌는 곳을 접촉해야 한다.

- 간판이 새로 바뀌는지 유리창이 새것인지 꼼꼼하게 봐야 한다.

5. 집안의 친척이 화재보험회사에 다니고 있을 경우는 보장 내용 아세요? 하며 아시는 분이 보상을 해주는 게 아니다. 12개의 회사에서 14가지 이상의 상품을 판다고 하며 차별점을 설명해준다.

6. 화재보험의 가입률 30%밖에 안 된다는 것을 숙지하고 주변에 위험요소가 많이 있음을 알린다.

7. 항상 일찍 출근하고 늘 정장 복장으로, 깨끗하고 전문성 있는, 밝은 첫인상을 주어야 한다.

8. 마지막으로 늘 나의 문제점은 무엇이고 얼마나 노력을 했는지, 자만하지는 않았는지 등 자신을 늘 점검해야 한다.

❖이론과 현실은 다르다

연애를 가르치는 사람이 있다. 연애에 관련된 책도 있다. 사람들은 연애까지도 배워야 하느냐고 생각한다. 연애는 사람과 사람이 만나는 일이다. 그 상대방의 마음을 모른다. 그 사람이 어떻게 행동할지, 어떤 생각을 가지고 있는지 모른다. 그런데 연애를 이론적으로 나누어서 한 사람에게 적용한다고 해서 그것이 제대로 될까. 연애를 이론으로 배워서 될까. 현실은 다르다.

보험 개척도 마찬가지다. 모르는 상점, 식당에 들어간다. 모두가 모르는 낯선 사람들이다. 태어나서 처음 보는 사람에게 그냥 배운 이론으로만 가능할까. 하루에도 수십 명의 영업사원이 왔다 갈 것이 분명하다. 그들도 다양한 방법으로 접근할 것이다. 이제는 고객도 다양한 방법에 대한 면역력이 길러져서 뻔한 이론으로는 통하지 않는다.

화창한 봄날의 **보험영업 이야기** ❀

이론과 현실은 정말로 다르다는 말을 하고 싶다. 3번, 5번 방문하면 고객이 반긴다고 하는데 내가 경험해본 바로는 3번 가면 또 왔구나 생각하면서 쳐다보지도 않는다. 심지어는 5번 방문하면 짜증을 내는 고객도 있다. 바쁘다고 하면서 다시는 방문하지 말라고 한다. 얼굴을 서로 붉히면서 나온다. 개척하는 대부분의 사람을 반기지 않는다.

개척은 이론으로만 배울 게 아니다. 이론과 현실은 정말로 다르다. 이론은 대략적인 개괄적인 정도로 생각하는 편이 낫다.

❖열정에 생각을 입혀라

개척으로 마음고생이 심했던 때가 있었다. 그때는 열정이 넘쳐흘렀다. 어떤 사람은 사무실 문을 열고 들어가는 것조차도 어렵다고 하는데 나는 그 정도는 그다지 어렵지 않았다. 들어가서 말도 하고 권유도 했다. 거절을 당하는 것이 대부분이었다. 그건 정말로 열정이 있었기 때문에 열정으로 밀어붙인 것이다.

그런데 시간이 흘러 생각을 해보니 열정만으로 영업을 하는 건 아니었다. 열정도 어느 정도 시간이 흐르면 사라진다. 계속해서 샘솟는 우물이 아니다. 열정은 샘솟을 수 있는 동기부여가 확실히 뒷받침되어야 한다. 이를 위해서는 열정에 생각을 입혀야 한다. 어떻게 접근할지를 고민하고 연구해야 한다. 앞서 말했지만 이론적인 건 생각하지 마라. 이론은 이론이고 현실은 현실이다. 사무실마다, 사람마다, 시간에 따라 방법이 다 다르다.

무조건 뜨거운 열정으로 전진하다가는 신뢰성이 떨어지고 상처를 받아 자신감마저 잃을 수가 있다. 열정에 생각을 입히고 경험을 쌓아야 한다. 한 번의 시행착오라도 이를 분석하며 자신을 발전시키자.

❖직접 경험해야 깨닫는다

세상의 삶이라는 것이 그렇다. 백문이 불여일건이다. 자신이 직접 보지 않고 경험하지 않고는 믿을 수 없다. 깨달음도 없다. 내가 개척을 하면서 경험하고 깨달았던 모든 것들에 대해서 말을 해도 주변의 동기는 이해하지 못했다. 내가 하는 말에 "이렇게, 저렇게 했어야죠."라는 말만 반복했다. 크게 귀담아 듣지도 않았다. 그런데 본인이 직접 지인 영업을 하면서, 개척영업을 하면서 상처를 받고 난 다음에는 나의 말을 귀담아듣고 맞장구를 치면서 이해하기 시작했다.

마찬가지다. 당신도 아무리 주변에서 어떤 말을 해도 직접적으로 와 닿지 않을 것이다. 경험을 한 다음에 그 말이 마음으로 다가 올 것이다. 그래서 경험하고 직접 느껴봐야 한다. 그러니 과감하게 부딪쳐 보라. 다른 사람의 경험을 깊게 이해하게 되고 그 속에서 깨달음도 있다. 나중에는 자신이 정신적으로 크게 성숙했다는 것도 느끼게 될 것이다.

❖스마트 시대

요즘은 보험도 스마트시대다. 옛날에는 고객을 만나서 구두로 확인을 받고 다시 사무실에 와서 설계를 하고 청약서를 인쇄해서 다시 고객을 찾아가서 서명을 받았다. 물론 요즘도 이렇게 하고 있다. 하지만 시간을 절약할 수 있는 방법이 생겼다. 디지털 시대에 산물인 탭이다. 큰 노트북이 아니라 가볍고 화면도 큰 탭으로 고객 앞에서 설계를 하고 전자서명을 받을 수 있다. 물론 청약서를 출력해서 가져다주어야 한다. 그렇지만 이것도 그 자리에서 바로 이메일로 보내 줄 수도 있다.

여러 가지로 편리해지고 신속해졌다. 가장 편한 점은 아무래도 고객의 변심을 막을 수 있다는 것이다. 고객이 서명을 하고 그 자리에서 청약서도 볼 수 있고 보험료도 결제를 할 수가 있다. 고객이 보험을 가입하겠다고 하면 사무실에 가서 설계를 하고 청약서를 출력해서 다음날에 오면 마음이 변할 수 있다. 주변 사람들이 이렇게 저렇게 얘기를 하면 보험가입을 망설이게 된다. 그렇게 되면 보험계약이 취소가 된다. 허무하지 않을 수 없다.

나도 그런 경험을 했다. 보험을 가입하겠다고 해놓고서 다시 방문하니 가족, 친구, 지인들에게 어떤 말을 들었는지 가입을 하지 않았다. 그때 만약에 탭이 있어 그 자리에서 설계를 하고 보험료를 결정하고 여러 담보들과 보장금액 등을 꼼꼼하게 설명해 주었더라면 아마도 달라졌을 것이다.

또한 탭에는 다양한 보험 상품과 더불어 고객에게 보험의 필요성을 알려줄 수 있는 다양한 자료를 탑재할 수 있어 가입을 권유할 때 설명하기가 수월하다. 과거에 수많은 종이를 출력해서 바인더에 끼워서 무겁게 가지고 다니는 것에 비하면 엄청난 발전이다. 이를 잘 활용한다면 스마트한 시대에 스마트한 기계로 스마트한 보험설계사가 될 수 있다.

추운 바람을 뚫고서 서초동의 한 건물을 찾아 헤맸다. 버스를 타고 환승하고, 길을 잘 몰라서 돌아다니다가 간신히 찾았다. 알고 보니 지하철로 오면 금방 올 것을 괜히 버스를 타고 돌고 돌았다.

몇 년 만에 만나 뵌 은사님이 운영하는 학원에 가는 길이다. 내가 한때 꿈을 이루기 위해서 고통을 함께했던 선생님이다. SNS와 전화로 보험을 한다는 것을 알렸지만 파이팅이라고 짧게 대답만 하셨다. 그 이후 좋은 상품이 있어 SNS로 보내드리기는 했으나 반응이 없으셨다. 잘 읽으시던 SNS도 안 읽으셔서 궁금했다. 그래서 며칠 전에 전화를 드렸더니 이미 보험은 전담하는 설계사가 있고 새해 들어 가족 모두의 보험을 모두 정리를 하고 새로 가입을 했다고 하셨다.

보험을 팔아야겠다는 생각보다는 새해에 인사도 못 드렸고, 몇 년 동안 뵙지도 못해서 무엇보다도 보고 싶었다. 워낙 이름이 잘 알려지고 유명하신 분이시기에 나를 만날 시간이 없는 분이다. 생활에 필요한 사은품도 드리고 싶기도 했고 또한 학원을 다시 오픈하였다기에 축하해드리고 싶기도 했다. 여러모로 겸사 겸사였다.

정말로 오랜만에 뵈니 반가웠다. 과거의 한때 즐거웠던 추억과 더불어 사람 사는 얘기를 했다. 정신없이 2시간이 흘렀다. 나도 선생님을 만나면 과거를 생각한다. 아무것도 모르고 꿈을 향해서 열심히 전진했던 기억을 한다. 모든 것을 포기하고 하나의 목표를 향해서 전진했던 기억이 나를 스친다. 아팠던 기억도 떠오른다. 이제는 10년 전으로 다시 돌아갈 수 없는 현실과 더 이상은 예전처럼 모든 것을 포기하고 달릴 수 없는 현실이 안타깝기만 하다.

선생님은 내게 보험보다는 다른 일을 하라고 하셨다. 보험은 몇 년간 쭉 종사해야 사람들이 신뢰를 가지게 되고 이를 눈 여겨 보고 가입하는 경향이 있다고 하셨다.(사실은 더 심한 말도 하셨지만 좋은 조언으로 받아들인다.) 선생님 부인과 친구들이 믿고 가입하는 설계사는 5년 넘게 일을 하고 있다고 했다. 그리고 남자보다는 여자가 사람들을 만나기가 수월하다고 했다.

내가 책도 출판했으니 앞으로는 계속 책을 쓰고 강연 쪽으로 나아가는 편이 어떠냐는 말씀을 하셨다. 그리고 내가 투잡으로 보험을 한다고 하면 더 더욱 나를 신뢰하지 않을 것이고 보험을 한다고 하면 대인관계에 있어서 너를 피하게 된다는 말씀도 덧붙이셨다. 선생님도 살아오면서 많을 사람을 만나고 보고 느끼셨기에 영업이 어떤 것인지, 특히나 보험 업종이 어떤 것인지 잘 알고 계셨다.

늦은 저녁 시간에 선생님을 만난 후에 추운 바람을 맞으며 집으로 돌아 갈 때 만감이 교차했다. 그래도 진솔하게 대화를 해주셨다는 것에 감사함을 느꼈다. 보험을 핑계 삼아 선생님도 찾아뵙고 대화도 하고 좋은 말도 듣고, 정말로 감사했다. 마음은 허전하고 추웠지만 정신은 따뜻한 하루였다.

❖도입합시다

도입이라는 단어를 보험회사에서 처음 들었다. 이렇게도 사용되는구나 하고 조금은 놀랐다. 수많은 영업 중에서도 도입을 가장 크게 외치는 직업이 보험이 아닐까 싶다. 당연히 새로운 사람을 도입해야 회사에서는 도움이 된다.

내가 그 이유를 살펴보니 대체적으로 처음 시작하는 사람들은 가족, 친척, 지인 등의 계약을 누구보다도 쉽게 가져올 수 있기 때문이 아닌가 싶다. 그렇기 때문에 회사는 단 몇 개월 일을 해도 이익이 되는 것이며 그렇기 때문에 도입을 많이 할수록 일할 사람이 많아지는 것이다. 물론 그에 대한 투자는 회사가 한다. 이런 구조가 반복되는 것이다.

도입은 누구나 할 수 있다. 도입을 많이 하면 그에 상응하는 시상도 주어진다. 그에 다른 보상도 존재한다. 누구나 할 수 있지만 아무나 도입할 수 없기도 하다. 도입에 대한 책임도 따르기 때문이다. 물론 별로 관리를 하지 않아도 되는 유능한 사람들도 있지만 그렇지 않은 사람도 있기 때문이다. 자신이 영업에 자신이 있고 여유가 있어야 다른 사람도 도입하고 관리하고 도와 줄 수가 있다. 오늘도 보험회사는 "도입합시다"를 외치고 있다. 도입, 도입, 도입 합시다.

❖멘토가 필요하다

보험회사에서 성공하기 위해서는 멘토가 반드시 필요하다. 내가 느낀 바는 회사에서 가르쳐주는 교육 이외에도 1대 1로 과외를 해줄 수 있는 멘토가 필요함을 느꼈다. 만약 동생이 보험회사에서 2년 정도 먼저 자리를 잡았다고 하면 동생이 그동안 겪은 다양한 경험이 좋은 밑거름이 될 것이다.

처음에 다른 동기들이 우왕좌왕하고 있을 시간에 자리를 잡고 편안하게 앞으로 일어나게 될 일을 예측하고 흔들림 없는 생활을 할 수 있다. 설계하는 법을 배우는 면에 있어서도 바로 옆에 앉아서 담보 하나하나의 설명을 들을 수가 있고 구체적으로 어떻게 설계화면이 작동하는지도 알수 있다. 설계했을 때 오류가 발생했다면 왜 발생했고 어떻게 처리 할 수 있는지도 배울 수 있다.

또한 멘토가 겪은 나름의 노하우를 배울 수 있다. 다른 사람들이 거쳐야 할 시행착오를 줄 일수 있다. 작은 도움이 정착하는 데 있어, 좋은 실적을 내는 데 있어 매우 중요한 역할을 한다. 동기분 중에 동생이 2년 정도 먼저 보험회사에 와서 정착을 한 경우가 있었다. 교육 때부터 시작해서 하나하나 조언을 해주는 모습이 부럽기도 했다. 궁금한 걸 바로 물어 해결할 수도 있고 나름의 노하우도 배울 수 있어 빠르게 발전하는 모습은 누구나가 바라는 사항일 것이다. 멘토가 있다면 마음의 안정도 찾을수 있다. 성공하려거든 멘토부터 찾아라.

❖철저히 준비하고 공부하라

영업이란 곧 상품을 파는 행위로 생각하기 쉽다. 하지만 나는 영업이란 '가치를 파는 것이다'라고 정의하고 싶다. 유명 배우나 가수가 TV광고에 등장하는 이유는 무엇일까. 그 상품을 직접 써보고 이런 저런 장점과 단점을 다 파악했을까. 그렇지 않다. 고객은 배우나 가수의 이미지를 투영해서 그 상품을 본다. 그들이 쓰는 가치를 평가하고 나 자신을 상상한다. 무엇을 팔든 세일즈맨은 유명 연예인이 아니다. 대신에 말로써 상품의 가치를 설명해야 한다. 이를 위해서는 자신이 팔고자 하는 상품을 아주 구체적으로 잘 알고 있어야 한다. 자신이 직접 상품을 사용해보고 어떤 점이 타사의 유사 상품에 비해 장점이고 어떤 점이 실제로 고객에게 불편함을 주는지 등을 알아야 한다. 고객의 입장에서 어떤 질문을 할지도 연구해서 준비해야 한다. 이를 위해서는 시간을 두고 공부를 해야 한다.

보험영업도 마찬가지다. 가치를 심어주기 위해서는 보험 상품을 철저하게 분석하고 있어야 한다. 그래야 그 보험의 가치를 설명할 수 있다. 사실 대부분의 고객은 보험에 대해서 구체적으로 알려고 하지 않는다. 왜냐하면 시간이 없기도 하지만 보험이 복잡한 이유도 있다. 그래서 들어도 모르기 때문이다.

큰 틀에서 암보험이다, 상해보험이다 정도로 알고 지나간다. 하지만 고객은 적어도 보험설계사가 이 상품에 대해서 어느 정도 알고 있는지는 말을 들어보고 느낄 수 있다. 또한 질문을 받았을 때 어떤 답을 내놓느냐에 따라서 고객의 마음은 달라진다.

나도 고객에게 상품을 제안할 때 상품에 대해서 잘 모르고 접근한 경험이 있다. 그런데 나는 고객의 간단한 질문에 같은 대답만 반복할 수밖에 없었다. 부끄러웠다. 내가 그 상품에 대해서 이것저것 깊게 공부를 하고 연구를 했다면 상황은 달라졌을 것이다. 가치를 심어주기 위해 먼저 공부를 하고 분석을 하자. 그럼 언제, 누구를 만나도 가치 있는 보험으로 고객에게 가치를 심어줌으로써 가치 있는 미래를 제시해 줄 수 있다.

❖고객의 마음을 흔드는 결정적인 말 한마디

고객에게 상품을 제안했을 때 대부분의 고객은 뜬금없이 무슨 보험이냐며 정색을 한다. 아는 사람이라면 보험영업을 하고 있다는 것을 알기에 크게 반색을 하지 않는다. 하지만 모르는 사람이거나 우연히 모임에 나가서 제안을 한다면 아마도 당황할 것이다. 아마도 그런 고객은 보험의 필요성을 모르기 때문일 가능성이 높다. 아니면 대충 보험 한 개 들어놓고서 마치 어떤 일이 일어나도 문제없다는 생각을 하고 있을 수도 있다.

이런 고객들에게 당신은 어떤 말을 해서 보험에 관심을 가지도록 할 것인가. 그들이 집에 돌아가서 한 번이라도 더 자신에게 닥칠 위험에 대한 대비책을 어떻게 생각하게 만들 것인가. 당신은 고객등록을 하고 다음날 만나서 단 둘이 대화를 나눌 때 어떤 말을 할지 결정적인 말 한마디를 연구해야 한다. 경험을 해보니 고객의 마음을 흔들 말 한마디를 던져야 그때 비로소 상품에 대해서 관심을 갖게 되고, 이것이 계약으로 이어졌다. 당신도 살면서 많은 영업 사원을 만났을 것이다.

홈쇼핑을 할 때 자신이 왜 상품을 주문했는지도 생각해보자. 쇼호스트들의 어떤 말 때문에 구입을 했는지 안다면 고객에게 어떤 말을 해야 할지 알 것이다. 이는 사람마다 다르다. 같은 말도 누가 어떤 말투와 목소리로 하느냐에 따라 달라진다. 좋아하는 여자친구에게 고백을 할 때 어떤 결정적인 말을 할 것인가. 단순히 좋아한다고 하면 될까. 그렇다고 극단적으로 죽음을 연상시키면서 반 강제적으로 두려움을 주입하는 식은 아니다. 자신만의 결정적인 말 한마디를 연구하자.

제5장
보험도 인연이다

❖선택받은 사람만이 가입할 수 있다

보험 가입을 권유하면서 들었던 생각은 보험도 누구나 들 수 있는 건 아니구나 하는 것이었다. 정말로 하늘로부터 선택받은 자들만이 보험을 가입할 수 있다.

누구는 조회를 해보면 기본적인 실손보험도 가지고 있지 않았다. 아무리 권유를 해도 가입하지 않는다. 만약에 아프거나 사고라도 당하면 정말로 대책이 없다. 반면에 누군가는 운이 좋게도 보험가입을 하고 일주일만에 질병이 발견되어서 보장을 받은 사람도 있다. 또한 누군가는 사고가 나고 질병이 생겨서 치료를 받고 난 이후에, 많은 돈이 들어갔음을 알고 뒤늦게 가입하고자 하지만 가입을 할 수 없는 경우도 있다.

보험의 핵심은 결론적으로 말하면 돈이다. 생로병사(生老病死), 인간이 태어나서 나이가 들어감에 따라서 아픈 건 자연적인 현상일 수 있다. 신이 아닌 이상 자연의 법칙을 거스를 수 있는 사람은 없다. 그런데 문제는 아프고 늙어감에 따라서 생명이 붙어있는 한 또는 죽었을 때 자신이나 남은 가족의 생계이다. 돈이 있어야 생계를 유지할 수 있다.

물론 갑부라서 돈 걱정이 없다면 보험가입이 필요 없을 수도 있다. 그런데 그런 사람이 얼마나 될까. 서민에게 있어 필요한 건 보험이다. 예기치 않은 사고나 질병으로 사람다운 생활을 제대로 못하는 것도 서러운 일인데 치료비로 모든 재산을 탕진하고 빚을 안고 살아간다면 이 얼마나 비참한 것일까. 이미 몸은 일을 할 수 없는 상태가 되어서 빚을 갚을 능력도 없다면 살아도 사는 것이 아닐 것이다.

보험 가입을 권유는 하되 아무리 노력을 해도 가입하지 않는다면 그 사람은 선택받은 사람이 아니라고 생각하자. 당신도 할 만큼은 한 것이다. 그에게 무슨 일이 일어나도 도의적인 책임에서 자유로워져라. 모두가 다 그 사람의 운명인 것이다.

❖지병이 있는 사람은 가입이 힘들고 비싸다

주변에 아는 사람이 있어 가입시키려 해도 보험 가입 절차가 까다로워지거나 회사로부터 아예 거절당하는 사람들이 있다. 또한 가입을 한다고 해도 보험료가 무척이나 비싼 경우가 있다. 또 어떤 분들은 설계가 가능한 상품이 제한적이고 이것을 승인 받는 것 또한 힘들다. 그래서 보험은 자신에게 어떤 일이 발생하기 전에 미리 가입을 해야 한다.

과거에 오토바이를 타다가 크게 사고 난 경험이 있는 고객이 있다. 그 사람은 젊을 시절에 한 번의 사고로 인해서 보험사마다 보험이 거절되고 있다고 했다. 자세한 얘기는 꺼려했으나 말도 조금 어눌하게 할 정도였다. 모든 보험사로부터 거절당해서 가입하고 싶어도 가입이 안 된다고 해서 알아보니 역시나 힘들었다. 이미 작은 보험이라도 가입해놓은 것은 다 보상을 받았다.

사고로 인해 청각장애가 있거나 노인들에게 혼한 고혈압을 가지고 있는 분도 가입은 될 수 있으나 특정상품으로만 설계를 해야 하고 보험료가 할증이 된다. 할증에 연세까지 고령이면 보험료가 많이 올라간다. 그렇다 보니 고객은 자연스럽게 보험료에 부담을 느끼게 된다. 더욱이 일정 담보의 보장을 크게 가져간다면 직접 보험사 직원이 방문해서 진단을 해보고 결정을 해야 한다. 그런데 직접 진찰을 받게 되면 가입은 거의 힘들다고 봐야 한다.

그래서 상해보험이든 질병보험이든 현재까지 자신에게 아무런 일이 발생하지 않았다면 하늘에 감사하며 가입해 놓은 보험을 해지할 생각은 하지 말고 잘 유지해야 한다.

❖보험도 인연이다

한 사람에게 보험가입을 권유하고 체결하기까지는 쉽지 않다. 그런데 이렇게 생각해보자. 학창시절 수많은 친구가 있었지만 오랫동안 연결되는 친구는 그렇게 많지 않다. 그나마 연결되는 친구들도 결혼해서 나이가 들어감에 따라서 연결이 끊어지기도 한다. 서로 하루하루가 바쁘다 보니 만나기가 쉽지 않다. 그러다가 우연하게 밖에서 마주치는 경우도 있다. 이것을 우리는 인연이라고 한다.

보험도 그런 거 같다. 보험과 인연이 있는 사람, 나와 인연이 있는 사람만이 연결되는 거 같다. 아무리 좋은 상품이 있고 나의 진심어린 마음이 있어도 결국 선택은 고객이 하는 것이다. 그 고객이 보험과 인연이 있다면, 연결될 끈이 있다면 지금 당장이 아니어도 언젠가는 가입한다. 보험과 만나게 될 수 있다. 보험과 인연이 될 수 있다. 이렇게 편하게 생각하자.

사람에게는 누구나 정해진 때의 인연이 있다. 이는 하늘이 정한 순리이다. 아무리 이어보려고 노력해도 끊어지고 반대로 끊어보려고 해도 이어진다. 인연이 아닌데 인연을 억지로 연결하려 하면 그건 악연이 된다. 모든 것은 다 때가 있음을 기억하라. 그 사람에게 어떤 일이 닥치기 전에 보험과 이어지기를 바라라.

❖고객을 버려라

누가 누군가를 버린다는 것, 이것은 참 안타깝고 비참한 현실이다. 하지만 심한 말로 해서 이렇게 표현하고 싶다. 보험이 없는 사람에게 보험의 가치를 설명하고 미래에 닥칠 위험에 대비해야 한다는 설명을 수도 없이 하면서, 보험설계사로서의 역할을 충분히 하려고 해도 관심이 없는 사람이 있다. 아니 좀 더 노골적으로 고객의 마음을 드러내보자. 보험설계사를 하나의 떠돌이 약장사, 저렴한 장사꾼으로 여겨 어떻게든 물건만 팔아보려고 하는 사람으로 생각하는 이들이 있다. 진정 보험설계사가 그렇지 않다는 걸 보여주어도 그 사람은 그렇게밖에 생각하지 않는다. 어떤 말을 해도 어떤 행동을 해도 상술만 가득한 장사꾼으로 보는 그런 선입견과 고정관념을 가지고 있는 사람은 쉽게 변하지 않는다. 본인이 직접

위기에 부닥쳐야만 그것을 느낀다.

친한 사이일지라도 보험 한다고 하면 갑자기 돌변해서 사람을 막 대하고 할 말 안 할 말 가리지 않는다. 친한 사람에게도 하찮게 취급당하는 상황인데 모르는 사람은 어떻겠는가. 당신이 느끼는 감정은 더 심할 것이다.

이럴 때는 그 사람에게 미련을 두지 말자. 그렇게까지 푸대접 받으면서, 자신이 평등한 대우를 받지 못하면서까지 그 사람의 미래를 대비해줄 필요는 없다. 그냥 그 고객에게 직업이 가진 도덕적 의무를 다한 것에 만족하고 그 고객을 버려라. 그것이 답이다. 그 고객과 인연이 닿으면 가입하는 것이고 그렇지 않으면 평생 그렇게 살다가 위험에 닥쳐와도 그냥 맞고 쓰러지는 것이다. 그냥 버리면 된다. 너무 매달리지 마라.

❖포기하고 내려놓으면 보이는 것들

한 달이 넘도록 공을 들인 고객이 있다. 오로지 그 고객에게만 관심을 가지고 있었다. 이런 상품이 좋을 거 같아서 설계를 하고 예쁘게 제본도 해서 가져가 대화도 해보았다. 흔히 이론상으로 6번은 찾아가야 계약이 나온다고 한다. 그래서 열심히 찾아가서 친해지려고 노력하고 보험에 대한 얘기도 하면서 인간관계를 유지하려고 했다. 상품 설명부터 다양한 질병과 상해에 관련된 스크랩 자료도 가져가서 대화도 했다. 이 상품 저 상품을 바꾸어 가면서 설계를 해서 장점과 단점도 설명해주었다. 한 달에 5만원밖에 안 되는 것도 보장범위와 보장기간이 좋다고 하면서도 가입은 하지 않았다.

그 집의 아들 보험도 저렴하게 설계해서 가져가 정말로 후회 없는 상품이 될 것이라고 했다. 인기가 높고 손해율도 높아져 보장금액이 변동될 예정이라서 서둘러서 가입해야 할 필요성을 얘기해도 소용없었다. 오히려 자녀에게 전화해서 지난번에 친구 핸드폰을 떨어뜨려서 보상을 해주었는데 어떤 상황이냐고 물어보고 타 보험에 가입한 보험의 보상이 적합한지를 물어보라는 주문을 해서 아는 한도 내에서 도와주었다. 그 외에 보험과 관련이 없어도 인간적인 면에서 도움을 주었다.

갈 때마다 정말로 많은 시간을 할애했고 도와주었다. 그리고 미래의 위험에 대비해 주려 노력했다. 하지만 결론은 나만 이용당한 꼴이 되었다. 언젠가는 나를 하대하기도 했다. 그러자 그 상점에 오는 손님들도 나를 덩달아 하대하기 시작했다. 이건 아니라는 생각이 들어, 마음은 상처를 받아 정말로 화가 났지만 꾹 참으며 그 고객을 포기했다. 그랬더니 마음이 정말로 편안해지면서 여유로워졌다.

내가 한 명의 고객에게만 과도하게 집착했던 것이었다. 나는 그 안에 갇혀서 주변을 둘러보지 못했다는 것을 깨달았다. 내려놓는 순간 보이지 않던 것들이 보였다. 내가 얼마나 집착을 했고, 얼마나 시간 낭비를 했던 것인지 알았다. 포기하고 내려놓아라. 그리고 멈추어 보면 보인다.

❖자신만의 속도로 가라

회사에서 이번 주는 얼마의 실적을 내면 어떤 시상이 걸려 있으니 얼마 이상의 보험료를 팔라고 하는 경우가 있다. 교육도 받고 사람도 만나고 하다보면 시간이 없다. 회사에서 정한 시상 기한을 맞추려고 하다보면 급한 마음을 가지게 되면서 끌려 다니게 된다. 이는 자신의 의견도 없이 다른 사람의 의견에 따르는 삶을 사는 것과 별반 다를 게 없다. 주체 없이 끌려다니다 보면 언젠가는 탈이 나기 마련이다. 회사는 회사대로, 지점은 지점대로의 방식대로 나아가듯이 당신도 당신만의 속도로 나아가야 한다. 고객과의 접촉도 급한 마음에 서두르면 오히려 역효과가 나서 가입하려던 사람도 안 할 수가 있다.

자동차보험도 2달 전부터 전화를 해서 가입 약속을 받아냈다. 갱신 시기에 맞추어서 몇 번 전화를 했더니 짜증을 내기 시작했다. 그러더니 보험료에 별 차이가 없는데도 비싸다면서 가입을 하지 않았다. 급한 건 나만 급한 것이지 고객은 모른다. 고객은 재촉한다며 오히려 짜증을 낼 뿐이다. 역효과를 가져올 뿐이다. 회사에서 요구하는 기준이 있어도 일단은 본인만의 속도를 찾아야 한다. 자신만의 여유를 찾아야 한다. 끌려 다니지 말고 쫓기지 말고 자신이 주도적으로 일을 해야 한다.

❖안정과 휴식을 주자

당신이 심하게 지쳐 있다면 휴식을 취하라. 마음의 상처가 있다면 상처가 치유되는 동안은 쉬어라. 보험이라는 건 그렇다. 하루 종일 누구에게 어떤 상품을 팔까를 고민해야 하는 일이다. 하루 24시간 내내, 한 달 내내, 1년 내내 그런 생각 속에 살아야 하는 직업이다. 당연히 뇌는 계속해서 작동하고 있다. 잠을 자는 동안에도 뇌는 쉬지도 못하고 그것에 집요하게 반응한다. 이런 상황에서 고객으로 인해 상처를 받는다면 타격은 크다. 몸과 마음이 모두 지치게 된다.

사람의 몸은 쉬어야 제대로 된 기능을 발휘할 수 있다. 정신과 육체가 동시에 상호작용하는 구조로 되어 있다. 그래서 인체는 신비로운 것이다. 정신이 지치면 육체도 그에 반응하여 서서히 시들고, 육체가 제대로 된 기능을 하지 못하면 정신도 힘들어진다. 정신과 육체는 하나인 것이다. 그래서 당신이 정신이든 육체든 지쳐 있다면 쉬어라. 안정을 취해야한다. 계속 나아가다가는 그 당시는 모르지만 갑자기 이상증세가 올 것이다. 타인을 위험에서 구해주기도 전에 자신이 먼저 위험해질 수 있다. 충분한 휴식으로 안정을 찾았을 때 고객에게 다가갈 최선의 접근 방법이 떠오를 것이다.

또한 덧붙여서 말하자면, 우리의 정신을 무시하지 말자. 육체가 피곤하고 아프듯이 정신도 충분히 피곤하고 아플 수 있다. 육체가 아프고 상처가 나면 쉽게 병원 가고 약을 먹고 치료를 하듯이 정신도 치료를 해주어야 한다. 하지만 정신은, 마음의 상처는 육체보다 치유되는 데 오랜 시간이 걸린다는 것을 알아야 한다. 그래서 많은 상처를 받기 전에 휴식을 주어라.

❖지나고 나면 다 꿈같다 : 꿈을 꾸고 상상하라

이 또한 지나가리라 'Hoc quoque transibit'(혹 쿠오퀘 트란시비트)

'This, Too, Shall Pass Away'

- 랜터 윌슨 스미스 -

When some great sorrow, like a mighty river,

Flows through your life with peace-destroying power

And dearest things are swept from sight forever,

Say to your heart each trying hour:

"This, too, shall pass away"

When ceaseless toil has hushed your song of gladness,

And you have grown almost too tired to pray,

Let this truth banish from your heat its sadness,

And ease the burdens of each trying day:

"This, too, shall pass away"

When fortune smiles, and, full of mirth and pleasure,

The days are flitting by without a care,

Lest you should rest with only earthly treasure,

Let these few words their fullest import! bear:

"This, too, shall pass away"

When earnest labor brings you fame and glory,

And all earth's noblest ones upon you smile,

Remember that life's longest, grandest story

Fills but a moment in earth's little while:

"This, too, shall pass away"

큰 슬픔이 거센 강물처럼

네 삶에 밀려와

마음의 평화를 산산조각 내고

가장 소중한 것들을 네 눈에서 영원히 앗아갈 때면

네 가슴에 대고 말하라

"이것 또한 지나가리라"

끝없이 힘든 일들이

네 감사의 노래를 멈추게 하고

기도하기에도 너무 지칠 때면

이 진실의 말로 하여금

네 마음에서 슬픔을 사라지게 하고

힘겨운 하루의 무거운 짐을 벗어나게 하라

"이것 또한 지나가리라"

행운이 너에게 미소 짓고

하루하루가 환희와 기쁨으로 가득 차

근심 걱정 없는 날들이 스쳐갈 때면

세속의 기쁨에 젖어 안식하지 않도록

이 말을 깊이 생각하고 가슴에 품어라

"이것 또한 지나가리라"

너의 진실한 노력이 명예와 영광

그리고 지상의 모든 귀한 것들을

네게 가져와 웃음을 선사할 때면

인생에서 가장 오래 지속될 일도, 가장 웅대한 일도

지상에서 잠깐 스쳐가는 한순간에 불과함을 기억하라

"이것 또한 지나가리라"

일요일 아침에 자고 일어나서 화창한 햇빛에 이끌려 베란다에 서서 먼 산을 바라보았다. 도심 속에 무슨 산이 있겠나 싶지만 멀리서 흐릿하게 보이는 산등성이가 산은 분명했다. 순간 그간 지나온 나의 삶이 꿈만 같았다. 내가 무엇을 했지. 무엇을 위해서 달려왔지. 무엇 때문에 내가 상처를 받았지. 내가 어떻게 보험을 팔았지. 이런 저런 다양한 것들이 스쳐 지나가면서 허무하다는 생각, 지나고 나면 아무것도 아니라는 생각이 들었다. 내가 만약에 로또 복권 1등에 당첨이 되어도 다음 날이면 이런 생각을 하겠지.

❖노력도 인연 따라 간다

1. 고객의 냉대

개척을 하다 보니 저녁이다. 배가 고파서 건물의 한 구내식당에 들어갔다. 식판을 들고 음식을 푸는데 아프다는 말을 들었다. 그 기회를 삼아서 보험 얘기를 했다. 그들은 주방에서 일을 하시는 60대 초반의 할머니와 40대 중반의 주방장이었다. 내가 마지막 손님이었던지라 내가 갔을 때가 막 쉬려던 찰나였다. 한가하게 식사를 하면서 담소를 나누는 상황이었다.

그때는 골절보험의 보장금액이 컸던 시기였다. 골절진단비와 수술비 등 보험료가 타 보험사보다도 월등히 저렴한 가격이었지만 보장금액은 몇 배로 컸다. 상해담보도 넣을 수가 있어서 아주 저렴한 보험료였다. 인기가 좋아서 다음 달에는 보장금액을 낮추겠다고 공지가 나온 상황이었다. 각종 자료로 주의환기를 하면서 이 보험의 필요성과 한시적이라는 점을 설명하면서 빠르게 고객등록만을 마쳤다. 다음 주에 설계를 해서 들르 겠다고 했다(이때 탭이 있었더라면 바로 계약을 했을 것이다. 발급이 되지 않은 상황이었다).

나는 고심해서 주말 내내 설계를 했다. 상품설명서와 각종 서류를 준비했다. 멀리까지 가서 돈을 들여 제본까지 깔끔하게 준비했다. 반드시 계약이 될 거라는 확신과 희망을 갖고 길을 나섰다. 화요일에 찾아갔을 때 그들은 나를 쳐다보지도 않았다. 안에 들어가니 요리를 하고 있었다. 그 앞에 간 나에게 던지는 말은 더 충격적이었다. 나를 외면하면서 하는 말은 "보험이 다 있으니 앞으로 오지 마세요."였다. 어떤 담보가 얼마의 보장금액에 있는지 설명할 기회조차 주지 않았다. 나름 신경 써서 담보와 보장금액 등을 넣고 빼고를 반복하면서 월 5만원으로 최적의 설계를 했는데 내가 노력한 건 다 소용없게 되었다.

설명이라도 할 기회가 있었다면, 아니 골절보험만이 아닌 상해보험을 모두 다 가져갈 수 있다는 것, 응급실에 가도 보장을 받을 수 있다는 점 등을 설명할 수 있었다면 덜 실망했을 것이다. 그런 기회조차 없었던 것에 상당한 허탈감을 느꼈다. 오히려 주방에서 음식 탄 냄새만 뒤집어쓰고 나와야만 했다. 이대로 사무실에 들어가기가 싫었다. 너무도 억울한 생각이 들었다. 이런 게 보험이구나. 내가 개척한 곳이 이렇게 되는 거구나. 한편으로는 이렇게 쉽게 풀리면 보험 안 할 사람이 어디 있을까 하는 생각도 들었다. 5만원짜리 보험도 이렇게 팔기가 어렵구나 라는 걸 느꼈다. 열정만큼 노력한 만큼 보험을 팔 수 없다는 걸 알았다.

식당 앞 의자에 앉아서 어머니에게 전화를 했다. 생각나는 사람이, 나를 위로해 줄 사람이 어머니밖에 없었다. 그렇게 어머니의 위로를 받으며 또 다른 곳을 향했다.

2. 고객의 무시

"보험회사는 도둑놈이다."라고 하는 말을 들어 본 적이 있는가. 혹시 당신도 평상시에 그렇게 생각한 적이 한 번이라도 있는가. 고백하건대 나는 이 정도까지는 아니지만 보험회사에 대해서 조금은 부정적이었던 것이 사실이다. 내가 아주 건강하고 병원도 거의 가지 않았던 20대 때의 생각이었다. 보험회사에서 일을 해보니 젊은 사람들 입장에서는 어느 정도는 그렇게 느낄 만도 하다는 생각이 들기도 했다. 만나는 대다수의 젊은 사람들은 건강하기에 보험의 필요성을 느끼지 못하기 때문이다. 보험금을 수령할 일도 없는데 매달 보험료를 내야 하기에 부정적인 인식을 가질 수는 있다. 겉만 보고 판단한 것이고 깊게 들어가 보험에 대해서 설명을 하면 생각이 바뀔 것이다.

그런데 나는 젊은 사람도 아닌 50대 분들이 이런 말을 하는 걸 미용실 영업을 하면서 들었다. "보험회사는 다 도둑놈들이야. 내가 돈을 냈는데 나는 병도 걸리지 않았고 아프지도 않았어. 근데 왜 돈을 다 환급해주지 않는 거야." 내가 보험에 대해서 몰랐다면 그냥 지나쳤을 수도 있을 것이다. 그런데 영업을 하는 내 앞에서 그런 말을 들으니 정말로 답답했다. 그러면 정말로 아파야 하는가. 암 진단받고 투병생활을 하고 고통스러운 나날을 맞이해야만 보험회사가 도둑놈이 아니라는 것인가. 그동안 건강하지만 만일의 사태에 대비하는 측면에서 안심하고 잠을 잘 수 있다는 측면은 왜 생각하지 않는지 한심스러웠다.

그 미용실의 원장님은 내가 다양한 사은품을 가져다주면서 보험의 가치를 얘기했건만, 몇 번에 걸쳐서 설계를 하고 최선을 다해 임했는데 나를 이런 분위기속에 놓다니 정말로 허탈함이 밀려왔다. 심지어 청각장애에 고혈압이 있는 남편을 둔 여성고객과 상담을 하는데도 도움을 주기는커녕 한 달 30만원이 넘는 돈을 대납해주라는 말까지 했다. 이런 세상에. 비싼 냉장고를 할부로 사놓고서 한 달 할부금을 대납해달라는 것과 무엇이 다르단 말인가. 그 50대 고객들 앞에서 내가 그런 대접을 받아야 하는 이유가 무엇일까.

사람들도 그렇게 나를 무시하니 미용실에 들어오는 고객도 나를 아래로 내려다보면서 천하게 대했다. 사은품 하나를 주어도 대답도 없다. 그냥 무시하면서 미용실 원장과 대화를 했다. 화가 나고 자존심이 상했다. 내가 그 미용실에 투자한 시간과 노력, 에너지, 사은품 등은 다 어디에 있는 것인가. 유병자를 상담하고 밤 9시가 되어서 아무런 성과도 없이 미용실을 나와서 사무실에 들어간 날이 그 미용실과는 마지막 날이었다.

나는 과감하게 끊어버렸다. 다시는 가지 않겠다고 다짐했다. 그분들의 의식수준이 너무 낮다는 생각이 들었다. 그분들은 보험의 필요성을 뼈저리게 깨닫고 난 후에 대화를 해야 하며, 아직은 내가 그 의식수준을 올려줄 수 없다는 판단이 섰다. 그 안에 있으면 나 또한 한없이 곤두박질치고 쓰레기 수준으로 전락해 버릴 것만 같았다. 그런 것을 견디고 팔아야 바로 진정한 영업이라고 할 사람도 있을 것이다. 무조건 팔면 된다고 하는 영업방식, 안 되면 되게 하라는 영업방식, 그런 시대는 이미 지났다고 생각한다. 보험영업도 하나의 직업인데 동등한 조건에서 사람대접 받지 못하면서까지 물건을 팔 필요는 없다는 생각을 했다.

3. 지인의 차가운 변화

  눈 내리는 날, 강남에 급하게 찾아갔던 지인이 전화를 받지 않았다. 분명히 전화를 한다고 했는데 받지 않는 걸 보고, 이 사람도 나를 피하는구나 하는 생각이 들었다. 한 번만 더 하고 그만두자라는 생각으로 다시 전화를 했다. 역시나 받지 않았다. 예전 같았으면 전화를 받지 않았다면 바로 전화를 주었던 사람이다. 부정적인 생각이 들었지만 나는 그건 아니다. 나만의 생각일 거야 하면서 그 사람을 믿었다. 2시간이 넘었는데도 전화는 없었다. 나는 1%의 희망으로 문자를 보냈다. 나중에 답장이 왔다. 회의 중이어서 받지 않았다는 것이다. 회의가 끝났으면 전화를 주어야 하는 것이 아닌가. 내가 보험을 하기 때문에 전화를 안 했던 것이다. 평상시 같았다면 전화를 했을 것이 분명하다.

  문자를 받고 전화를 하니 받았다. 하지만 짜증을 냈다. 바쁘니까 다음에 통화를 하자며 끊으려고 했다. 내가 보험에 대해서 생각해 보았냐고 물으니 그는 말을 둘러댔다. 내가 한 마디를 더 던지니 바쁘다고 하면서 짜증내는 말투로 나를 응대했다. 기분이 좋지 않았다. 그래서 그만두었다.

  이 사람은 정말로 보험 가입하고 싶은 마음이 없는 것이다. 실손보험조차 가지고 있지 않는 이 사람이 걱정이 되는 마음도 있었지만 이것도 그 사람의 운명이라고 생각하고 다시는 접촉하지 않기로 했다. 또한 내가 그 사람에게 그런 대접을 받을 이유도 없었다. 정말로 이런 건 아니라는 생각이 들었다. 과거에 아무리 도움을 주었으면 뭐하겠는가. 이 사람의 인간성을 탓하고 마음을 추슬렀다. 이 사람 또한 역시나였다.

❖거절한 사람이 더 아픈 것임을

보험을 거절한 사람도 생각해보면 그들만의 사정이 있을 것이다. 나를 냉대했던 구내식당에 다시 들렀다. 보험 때문에 간 건 아니고 개척을 하다가 지나가는 길에 배가 고파서 식사를 하려고 들렀다. 주방장은 나를 제대로 쳐다보지 못했다. 붉어진 얼굴을 하고 고개를 숙인 채 나에게 찌개를 주었다. 그 행동은 스스로 미안함을 느끼는 것이다. 자신이 했던 행동에 대해서 후회하는 것이다.

이 사람도 자본주의 시대를 함께 살아가는, 그저 그러한 평범한 사람이다. 세상 참 좁다는 말이 있다. 그 사람은 나를 한 번 보고 안 볼 거라고 생각했겠지만, 인간관계라는 게 그렇지 않은 법이다. 그 사람이 그런 태도를 보인 것만으로도 나는 만족한다. 시간이 흘렀지만 그 사람도 인간적인 정이 살아있는 사람이고 진심은 아니었다는 것을 안다. 사실 거절당한 사람보다 거절한 사람이 괴로운 것이다.

자신도 먹고 살기 위해서 일을 하듯 나 또한 그렇다는 걸 알기에 그 사람이 나에게 했던 행동을 부끄럽게 생각하는 것이다. 역시나 그 사람도 사람이었다. 그러니 당신도 보험영업을 하면서 상처 받았다고 너무 아파하지 않았으면 좋겠다. 그 아픔은 당신보다 거절한 상대방이 더 깊을 테니까. 그도 마음에 없는 행동을 했다고 생각해라. 살면서 마음에 없는 말을 할 수도 있고 마음에 없는 행동을 할 수도 있지 않은가. 그렇게 생각하라. 그러면 아주 편안해진다.

화창한 봄날의
보험영업 이야기

인간은 사회적 동물이라고 했다.
살면서 끊임없는 인간관계를 맺으며 살아간다.
인간관계를 떠나서는 살 수 없다. 사람이 사는 사회다.
인간이라는 말 차제가 '人+間', 사람과 사람과의 사이를 뜻한다.
인간은 어쩔 수 없는 관계적 동물이다.

보험을 하면서 살아온 나의 인간관계를 다시 생각해 보았다.
내가 잘못된 인간관계를 맺은 건 아니었는지,
내가 부족한 점이 많은 건 아닌지,
내가 좀 더 사람들에게 베풀었어야 하는 건지 등 다양한 생각을 했다.
한 명의 지인에게 상처를 받았을 경우는 그렇게 생각하지 않는다.
하지만 한 명이 아닌 100명에게 그런 대접을 받았다고 생각해보라.
당신도 나처럼 지난날의 인간관계를 생각하게 된다.

인간관계를
다시 정립하다

Part Ⅲ

제1장
사람들은 변한다

❖인간관계를 돌아볼 시점

만약 당신에게 무슨 일이 생기면 당신을 도와주고 위로해 줄 수 있는 사람이 주변에 몇 명 정도 될지 생각해본 적이 있는가. 전화에 저장된 사람의 수가 500명이라고 할 때 진정 당신을 도와줄 수 있는 사람, 어떤 어려움에 처했을 때 선뜻 도와줄 사람이 얼마나 된다고 생각하는가. 한 명 한 명을 생각해 본 적 있는가. 아마도 당신은 이제 생각해봐야 할 것이다. 내가 그동안 연락하고 만나서 웃고 즐기던 그 사람들에 대해서 진지하게 생각해볼 때가 되었다.

❖의도적으로 피하다

당신이 보험을 한다면 가장 먼저 접촉하고 대면해야 하는 사람들이 가족이나 친척, 지인들이다. 그런데 가족은 당연히 당신과 대화를 하고 접촉을 한다. 만약에 친척이나 지인이 당신을 피한다면 당신의 마음이 어떨 것 같은가.

나는 그런 사람들이 주변에 꽤 있었다. 보험을 한다고 얘기를 한 순간부터 나를 피하는 지인, 아니 친척도 있었다. 10년 넘게 알고 지내던 사람도 보험 얘기 한 번에 연락이 끊어졌다. 가까운 곳에 사는 친척조차도 SNS에 답이 없다. 전화도 받지 않는다. 보험을 가입해 달라고 말을 한 것도 아닌데 상대방은 무언가 눈치를 챘는지 그런 반응을 보인다.

이게 바로 그 사람의 실체이다. 그 사람을 나무랄 것이 아니라 내가 그동안 사람을 잘 몰랐다고 생각하면 된다. 그리고 인간관계를 정리하면 된다. 보험가입을 권유하지도 않았는데 그 사람이 그렇게 반응한다면 더이상 만날 가치도 없다. 나는 그렇게 생각한다. 친척이라면 어쩔 수 없이 마주칠 날이 있겠지만 그때는 형식적인 관계가 될 수밖에 없다. 쓸쓸하지만 요즘은 말이 친척이지 남보다 못한 경우도 많다. 명절에만 잠시보고 차례 상에 절만 함께 하고 헤어지는 시대 아니던가. 아니 제사도 없애는 가정이 늘어 명절조차도 볼 이유가 없는 시대다. 쓸쓸한 시대다.

❖이 사람도 그저 그런 사람이다

화장품회사 연구원을 알고 있다. 과거의 친목 모임에서 알고 지냈고 그 사람이 도움을 구할 때마다 들어주고 조언을 해주었다. 지금 그 사람이 사귀고 있는 여자가 내가 많은 상담을 해주고 조언도 해주고 했기 때문에 가능했다. 그랬던 그 사람은 고객등록을 해달라는 말도 교묘히 다음해 해주겠다고 하면서 피했다. 다음에 연락을 주면 해주겠다고 하면서 막상 전화를 하면 받지 않았다.

어느 때 같으면 부재중전화 상태이면 바로 다시 전화를 했던 사람인데 이번에는 달랐다. 며칠이 지나도 연락이 되지 않았다. 그래서 이 사람도 같은 사람이라고 생각했다. 이 사람도 그저 그런 사람이구나 했다. 2주가 흘러서 실적을 내야 하기에 부담 없이 전화를 했더니 받았다.

나는 식사를 하자고 했다. 그러면서 보험을 가입하라고 하는 건 아니니 부담 없이 만나자고 안심을 시켰기에 가능했다. 급한 만남이었기에 사은품을 챙겨서 부랴부랴 강남으로 향했다. 만나자마자 급하다는 듯이, 나를 피하는 듯이, 형식적으로 나를 대하면서 시끌벅적한 직장인들의 값싼 점심 뷔페로 안내해서 제대로 얘기조차 할 수가 없었다. 간단한 식사 후에 사무실에 들어가는 그에게 고객등록만이라도 요청했는데 꺼렸다. 설득 끝에, 내가 그동안 많이 도와주었는데 이 정도는 해줄 수 있지 않느냐는 말에 그는 마지못해 회사로비 구석에서 고객등록을 해주었다. 나도 이런 말을 하고 싶지 않았다. 그렇지만 그렇게 그 사람을 보내고 싶지는 않았다. 최소한 고객등록이라도 받고 싶었다. 그냥 보내면 너무 허무할 거 같았다.

고객등록을 가까스로 마치고 보험 분석을 해보니 기본적인 실손보험조차도 없었다. 세상에 이런 사람이 또 있나. 아프면 어떡하려고 하는지 걱정이 앞섰다. 정말로 그 사람이 걱정이 되어서 보험 가입을 권유했다. 그는 급하다고 둘러대며 사은품을 가지고 승강기를 타고 허둥지둥 자리를 피했다. 일단은 설계를 해서 연락을 주겠다는 말을 승강기가 닫히는 순간 하고 헤어졌다. 그도 그렇게 하라고 성의 없이 말을 했다. 그렇게 헤어졌다. 그런데 그 이후로 전화도 받지 않고 문자에 답장도 없었다. 그리고 이후에는 완전히 연락이 끊겼다.

당신이 아무리 평상시에 그 사람을 도와주었더라도 당신이 단지 보험을 한다는 이유로 과거의 고마움도 모른다면 만날 필요가 없다. 물론 그것을 대가로 보험을 가입해 달라는 것은 아니다. 그렇지만 최소한 인간적으로 고마움을 안다면 피하는 것이 방법은 아니라고 생각한다. 이건 그간의 고마움도 모른 채 도움을 주었던 사람을 쉽게 생각해서 인간관계를 끊어버린다는 의미가 아닌가.

원래 보험회사의 교육에서는 그런 고객도 자신의 고객으로 만들어야 한다고 하지만, 사람 사는 세상에서 상대방이 선입견을 가지고 바라보는데 아무리 노력한들 그 인간관계가 제대로 유지되기는 힘들다. 그렇지 않다면 당신이 상대방에게 끌려 다니게 될 것이다. 마치 약점이라도 잡인 것처럼.

❖어느새 갑과 을로 변한 관계

보험을 한다고 하니 친한 사람조차도 이상한 관계로 변해가는 것이 안타까웠다. 정말 최악의 상황은 지인들이 일부러 나를 피하기 때문에 연락이 두절되는 것이었다. 피하지 않는 지인들도 있다. 그런데 문제는 이 사람들은 자신이 상사인 듯, 신이라도 된 듯, 슈퍼 갑이 된 듯 나를 대한다. 정말로 무슨 약점이라도 잡고 있는 거처럼 사람을 흔든다. 어느 순간 갑과 을의 관계로 전락해 버린다.

오랫동안 알고 지내던 동생이 있다. 그는 가끔 안부전화도 하고 시간이 될 때마다 함께 보는 그런 관계였다. 그런데 보험을 한다고 할 때부터 변하기 시작했다. 다시 말하면 자신이 나보다 위에 있는 거처럼 만나는 것도 마음대로 약속을 정하려 했다. 과거에는 형이라고 하면서 깍듯하게 예의를 차리던 사람이었는데 아랫사람 대하듯 명령조로 말을 했다. 거만함도 느껴졌다. 사람 사이에는 할 말과 안 할 말이 존재한다. 아무리 친한 사이라도 지켜야 할 선이 있는 법이다. 그는 그 선을 넘었다. 과거의 예의라고는 찾아볼 수 없었다.

사람의 약점을 잡았을 때의 그런 마음으로 나를 대한다는 것을 직감했다. 사실 사람의 약점을 잡았다고 해도 절대로 그렇게 해서는 안 된다. 그런데 그는 그렇게 나를 대했다. 자존심이 엄청나게 상했다.

사람 사이에 위아래는 없다. 기본적으로 연장자에게 예의를 차리거나 선생님에게 존경을 표하는 선에서의 태도는 존재할 수 있다. 그런데 그는 이 범주에서 벗어난 태도를 보였다. 완벽하지 않은 인간이기에 덜 성숙한 사람이기에 이해는 한다. 하지만 태도가 급변한 것이 내가 보험하기 때문이라는 것에 아쉬움이 있다. 보험영업을 한다고 나를 그렇게 쉽게 대하는 점이 섭섭했다.

❖SNS가 차단될 것을 예상하라

나는 만날 수 없는 사람에게는 SNS를 활용하여 나의 소식을 전하기도 했다. 자동차보험부터 시작해서 질병, 상해 등 좋은 상품이 있다는 홍보 메시지를 보내기도 했다. 처음에는 답장조차 없었다. 다시 보낼 때는 그나마 정이 있고 예의가 있는 사람들은 나중에 관심 있을 때 연락을 주겠다고 답장을 보내기도 했다. 하지만 대부분은 관심도 없다. 답장도 없다.

10년을 알고 지낸 사람도 보험 얘기를 꺼내자마자 차 마시자는 말이 없어지는 상황인데 오죽하랴. 작은 답장은 그래도 고마운 사람들이다. 그런데 이들도 나중에는 나와 연락할 수 있는 모든 것을 차단해 버린다. 아니 아예 스팸으로 정해 놓기도 한다. 카카오톡을 읽지도 않는 걸 보면 알 수 있다. 전화해도 안 받는다.

당신과 연결될 모든 것이 차단될 것을 예상하라. 아니 당신이 이제는 그런 사람들을 차단해 버려라. 나쁜 사람도 나의 고객이 될 수 있다는 순수한 믿음을 버려라. 자신들에게 닥칠 미래의 위험을 함께 고민해준다고 하는데, 제대로 들어보지도 않고 그런 반응을 하는 사람은 나의 경험상 가입도 하지 않지만 가입을 하고 일이 발생해서 보장을 받을 때도 보장금액이 적다, 보장 받을 수 있는 담보도 없다며 따질 사람들이기 때문이다.

❖ 인간관계를 다시 생각하다

인간은 사회적 동물이라고 했다. 살면서 끊임없는 인간관계를 맺으며 살아간다. 인간관계를 떠나서는 살 수 없다. 사람이 사는 사회다. 인간이라는 말 차제가 '人+間', 사람과 사람과의 사이를 뜻한다. 인간은 어쩔 수 없는 관계적 동물이다.

나는 보험을 하면서 살아온 나의 인간관계를 다시 생각해 보았다. 내가 잘못된 인간관계를 맺은 건 아니었는지, 내가 부족한 점이 많은 건 아닌지, 내가 좀 더 사람들에게 베풀었어야 하는 건지 등 다양한 생각을 했다. 한 명의 지인에게 상처를 받았을 경우는 그렇게 생각하지 않는다. 하지만 한 명이 아닌 100명에게 그런 대접을 받았다고 생각해보라. 당신도 나처럼 지난날의 인간관계를 생각하게 된다.

예전에 지점장에게서 그런 말을 들었다. 보험을 하면서 인간관계를 알게 되었다고. 자신은 처음 보험을 할 때 가능성 있는 친구나 지인을 3가지의 부류로 나누어서 사람들을 만나거나 전화를 했다고 했다. 평소 절친하고 자신을 늘 이해해준 사람들, 그들은 반드시 가입을 해 줄 것임을 확신했던 부류의 사람들은 모두가 보험을 거절하거나 자신을 피했다고 했다. 하지만 자신이 생각하기에 전혀 가능성이 없는 친구나 지인, 별로 친하다고 생각하지 않은 부류의 사람이 자신의 마음과 상황을 이해하고 보험을 들어주었다고 했다. 자신이 그리 친하다고 생각하지 않았는데 상대방의 마음은 달랐던 것이다. 그래서 인간관계를 다시 재편했다고 했다.

나도 그렇다. 생각해보니 보험회사에 왔기 때문에 내가 관계를 맺었던 사람들을 알 수 있게 되었고 인간관계도 정리할 수도 있었다. 이건 감사할 일이기도 하다.

❖이렇게까지 비참해야 하나

때로는 보험을 하다보면 내가 이렇게까지 해야 하나 하는 의구심을 품을 때가 있다. 간 주고 쓸개 주고 무엇이 남느냐는 말도 있다.

보험에 관심이 있는 동생이 있었다. 나보다 나이는 한 살이 어렸지만 요리사로 일을 하고 있었다. 평소에 개념도 있고 말도 잘 통하는 친구였다. 보험을 한다고 하니 자동차를 살 예정이라고 하면서 관심을 보였다. 운전자보험도 당연히 관심을 가졌다. 그래서 한 달 만에 한가한 시간에 맞추어서 만났다. 식사하며 보험의 전반적이 개요를 설명했다. 자리를 옮겨 차도 마시면서 보험을 설계했다. 사실은 내가 15일 이전에 시상에 맞추고자 급한 면이 없지 않았다. 그리고 아는 동생이기에 최대한 투명하게 하고 배려해준다고 했는데 오히려 나만 면목이 없어진 경우가 되어버렸다. 설계화면도 보여주고 금액도 산정하고 심지어 내가 받는 수당에 대한 얘기도 했다. 그리고 기한 내에 성과를 내야한다는 점도 언급하면서 사은품과 상품권까지도 주기로 약속했다.

나는 친하고 편해서 그렇게 한 것인데, 집으로 돌아오면서 내가 정말로 이렇게까지 해야 하나 하는 생각이 나를 괴롭혔다. 그 친구는 내 앞에서만 그렇게 하자고 해놓고서 결국에는 연락조차 되지 않았다. 나는 한마디로 그 친구에게 자존심도 다 버리고 굽실거렸던 것이다. 내가 급하기 때문에 모든 것을 주기로 했던 것인데 결국 그 친구는 운전자보험도 자동차보험도 들지 않았다. 오랫동안 연락이 되지 않아 가까스로 연락이 되었을 때 나에게 하는 말은 자신이 보험을 더 많이 안다는 태도로 나를 가르치려 했다. 내가 기본 상식이 부족하다는 소리를 들어야만 했다.

얼마나 비참한 상황인가. 사은품 줄 건 다 주고 배려해 줄 거 다해주고

서도 거절도 모자라 자존심에 상처까지 입었으니 말이다. 화가 나기는
했고 보험에 대해서 할 말이 많기도 했지만, 그 친구는 그럴 가치도 없다
는 생각이 들어서 그만두었다. 그리고 마음속으로, 그 친구에게는 미안
하지만 사고가 나도 지금의 선택을 후회하지 않기를 바란다는 말을 했
다. 그 친구에게 무슨 일이 발생해도 도의적인 책임은 없다고 스스로를
위로했다.

제2장
지인이 더 힘들다

❖친척이 더 힘들다

보험을 하게 되면 가장 먼저 접촉해야 하는 사람이 가족이나 친척일 가능성이 높다. 말하기 편하고 부담이 없기 때문이다. 당장 실적을 채워야 하는데 만난 적도 없는 사람이 보험을 들어줄 리가 없다. 그렇다 보니 가족이나 친척에게 먼저 얘기한다. 그런데 친척이라고 해서 쉽게 생각하지 마라. 집집마다 다르지만 우리 집은 친척들과의 왕래가 거의 없다. 일년에 2번 명절에 제사를 지내기 위해서 잠시 보는 것이 전부이다. 그때도 그렇게 많은 대화를 나누지는 않는다. 그렇다 보니 많이 서먹하다.

삼촌에게 전화를 하니 어쩐 일이냐며 놀란다. 지금 넣고 있는 보험에 대해서 물어보니 그 힘든 보험을 왜 하냐고 한다. 집안 살림이 어려워서 가지고 있는 보험도 해지를 하는 상황이라고 했다. 나는 낮은 보험료 5만 원짜리 운전자보험을 말씀을 드렸으나 이것도 쉽지 않았다. 5만원도 힘든 게 사실이고 지금 가지고 있는 보험도 저렴하게 넣고 있는데 돈을 더 내기는 부담된다고 했다. 그러면 고객등록이라도 해달라고 부탁드렸다. 그런데 등록하는 과정에서 인증번호를 달라고 하자 반색을 하시면서 주민번호가 왜 필요한 것이고, 사회가 무서운 데 아무리 조카라도 이렇게 개인정보를 가르쳐주어도 되느냐며 망설이셨다. 10분 정도 대화를 하다가 결국은 등록도 하지 못하고 전화를 끊었다.

친척도 이렇게 가입하기 힘들고 아무것도 아닌 고객등록조차도 이렇게 힘들다니. 세상이 이렇게 변했구나 하는 생각에 씁쓸한 마음을 감출 수가 없었다. 조카를 의심하다니. 너무 힘들다는 생각을 했다.

❖지인도 바닥이 보인다

당신의 스마트폰에 저장된 지인의 수가 100명이라고 할 때 그중에서 보험을 가입할 가능성이 90%인 사람은 몇 명이나 될까. 확실하게 가입을 할 수 있는 사람은 상대적으로 적어진다. 처음 보험을 시작할 때는 많을 거 같아서 희망을 가지고 임하지만 서서히 지인이 보험 가입을 하지 않는 것에 실망할 것이다.

한 달은 가족, 다음 달은 친척, 그 다음 달은 지인이 들어준다고 할 때 그 다음 달은 누구인가. 정말로 운이 없다면 100명 중에 단 한 명도 보험 가입을 안 할 수 있다. 보통 4개월부터 지인들이 뚝 떨어진다. 가입할 지인이 없어지는 것이다. 과거에 큰 것도 아닌 저렴한 보험료로 가입시킨 횟수가 많다면 더 힘들어진다. 하나 더 가입하라고 하는 게 쉽지 않기 때문이다.

나는 2차월부터 지인이 떨어지기 시작했다는 걸 느꼈다. 아니 처음 시작할 때부터 지인이 없을 것을 염려해서 개척활동을 했지만 개척도 오랜 시간이 걸리기에 위기를 맞기도 했다. 내 보험을 계약해서 모면하기는 했으나 지인이 없다는 건 현실이었다. 주변을 둘러보면 4개월부터는 가입할 사람이 없다는 말이 나온다. 5개월부터는 좀 더 심해진다. 지인이 없는 것보다는 지인을 많이 알고 있으면 좋은 것이기는 분명하나 지인의 수가 서서히 바닥이 드러남을 알아야 한다.

❖친분은 친분일 뿐이다

당신과 친분이 있는 사람이라고 해서 보험 하나 정도를 가입해 주겠지라고 생각한다면 그건 오판이다. 보험은 과거에 사람들을 어떠한 계기로 알게 되었든 아는 사람이 많다는 건 좋은 것이다. 없는 사람들보다는 훨씬 낫다. 처음 보는 사람에게 접촉을 하는 것보다는 과거에 조금이라도 알고 있었던 사람이 접촉하기 편하다. 모르는 사람보다는 몇 단계의 과정을 건너뛴 상태이다. 하지만 이런 장점이 반드시 보험가입으로 이어진다는 건 아니다. 사람의 마음을 알 수는 없다.

보험을 한다고 알린 후에 시간을 내어서 분당의 사무실까지 찾아갔다. 고객등록 정도는 쉽게 해주었지만 보험가입에 대해서는 굉장히 부정적이었다. 이를 돌리려고 계속 설득을 했지만 결국은 실패했다. 실손보험조차도 없었다. 나이가 50이 조금 넘어서 보험료가 조금은 비쌌지만 얼마든지 부담되지 않는 선에서 설계를 할 수 있었다. 운전을 하기에 운전자 보험이라도 권유를 했으나 이 또한 거절당했다. 장기보험은 10년, 20년씩 보험료를 납입해야 해서 부담스러울 수 있기에, 1년에 한 번 반드시 가입해야 하는 자동차보험이라도 가입시키려 했다. 그런데 이 또한 짜증을 내며 거절했다. 자동차는 그동안 알고 지낸 사이를 언급하며 부탁드렸으나 비싸다고 하며 거절했다. 기분은 많이 상했지만 이 또한 현실이라 받아들였다.

아는 사람이라고 해서, 오랜 세월 알고 지냈다 하여 보험가입을 할 수 있으리라는 생각은 하지 않는 게 상처를 덜 받는 방법이다.

❖재촉하지 말자

내가 군대에 있을 때 행정병이기 때문에 작성해야 할 문서들이 많았다. 그런데 한 하사관은 일을 맡겨놓고서 빨리하라고 재촉의 재촉을 거듭했다. 마음이 급하다 보니 워드를 제대로 작성하기가 힘들었다. 평상시보다 더 느려졌다. 그리고 문서를 작성하는 나도 그리 기분이 좋은 건 아니었다. 아무런 말이 없다면 오히려 더 빨리 더 좋은 문서를 만들었을 텐데, 기분이 상하니 문서를 작성하는 내내 공들여 만들고 싶은 마음이 사라졌다.

마찬가지다. 당신이 이미 보험을 하고 있다는 것을 알렸다면 조금 기다리자. 아니 당장 자동차보험 만기가 도래했다면 한 번의 전화로 약속을 받았다면 계속해서 전화할 필요가 없다. 마음을 비우고 기다려야 한다. 당신이 여유롭다는 것을 보여 주어야 한다. 보험은 상대가 필요하면 가입하게 되어 있다. 오히려 재촉하면 당신의 약점만 노출시키는 결과만 낳는다.

나도 10년 넘게 알고 지내던 지인이 있었다. 자동차가 2대인데 만기가 도래했다. 2개월 전에 전화를 하고 도래하는 달에 다시 전화를 했다. 그리고 미리 보험료 계산을 먼저 하겠다고 전화를 했다. 다른 보험사에서 견적이 오면 보내주겠다고 했다. 만기도래 시점에 혹시나 하는 마음에 다시 전화를 했더니 싫어하는 말투와 짜증이 섞인 어조로 나를 대하기 시작했다. 결국 기존의 보험회사에서 계약을 했는지 연락도 없었다. 나는 궁금해서 전화를 했지만 상대방은 부담을 느꼈을 수도 있다. 한두 번이면 충분하다. 재촉해서 역효과를 내는 거보다는 낫다.

❖형제관계도 쉽지 않다

보험을 하다가 내가 가족 전체를 괴롭히고 있다는 생각을 했다. 실적을 맞추어야 하는 상황에서 가장 먼저 형이 생각났다. 형에게 보험을 시작하며 하나라도 가입해달라고 했는데 형은 얼마냐고 물었다. 형은 5만 원도 힘들다는 말을 했다. 지금 생명보험과 타사의 질병보험을 넣고 있는 상황이었다. 한 달 보험료가 20만원이 넘게 나가고 있다는 것이다. 이런 상황에서 여유가 없다고 했다.

나는 당장 이번 달 목표 실적을 맞추어야 한다는 생각에 마음이 조급해졌다. 그런 상황이니 형에게 섭섭함을 토로할 수밖에 없었다. 보험을 들어준다는 말은 했었지만 형은 사실 1만 원짜리 TV 광고 보험을 생각했던 것이다. 세상에 1만 원짜리 보험이 어디 있는가. 일반적으로 사람들은 TV나 인터넷에 나오는 보험과 보험설계사가 파는 상품이 다르다는 것을 모르고 있다. 일반인들 입장에서는 그럴 수밖에 없다. 나도 보험을 배웠으니 그렇지, 배우지 않았다면 형과 똑같이 생각했을 것이다.

나는 형에게 보험료 10만원을 권유했다. 형은 큰 소리로 돈도 없는데 어떻게 10만원을 하느냐고 하면서 짜증을 내기 시작했다. 나도 조금은 짜증이 났다. 동생이 보험을 하는데 이 정도도 못해주나 하는 생각이 앞섰다. 나도 큰 소리로 좀 짜증을 냈다.

일주일 정도 시간이 흘러서 형은 결국 20만 원짜리 보험을 들어주었다. 형도 사실은 그 이후에 마음에 걸렸던 것이다. 동생이 보험을 한다고 하는데 하나만 들어달라고 하는데, 말은 그렇게 했지만 내내 마음에 걸렸는지 새벽에 문자가 왔다. 나에게 도움이 많이 되는 방향으로 설계를 해보라고 했다. 내가 직접 컴퓨터를 가져가 담보를 하나하나 설명하면서 설계를 했고 2개의 상품을 효율적으로 결합했다. 예상했던 10만원에서 20만원으로 보험료가 올라가자 형은 조금 당황하기도 했지만 결국은 도움을 주었다. 아니 지금의 나에게 도움을 주었지만 결국은 보험으로 내가 형에게 도움을 줄 수 있는 날이 반드시 올 것이다.

피를 나눈 형제도 보험영업은 힘든 것이다. 20만원도 사실 20년씩 납입하기에는 쉽지 않은 금액이다, 서민이기에. 형에게 감사한다.

❖보험에 대한 주변의 반응

일단 보험 교육을 받으면, 교육시점부터 지인들에게 소식을 전하라고 한다. 교육을 마치고 코드를 발급받으면 바로 그 달의 실적을 올려야 하기 때문이다. 먼저 알리는 것이 조금은 부담스러웠다. 주변의 동기들도 완전히 다 알리는 건 부담된다고 해서 서서히 알리는 쪽을 선택했다. 지금 생각해보면 먼저, 바로 알리는 거보다는 확실한 친분이 있는 사람들에게만 알리는 편이 좋았다. 또한 직접 찾아가서 얼굴을 마주하면서 대화를 하는 것을 권장하고 싶다. 보험에 대한 선입견이 강하기 때문이다.

직접 얼굴을 마주보고는 그렇게 심한 말을 하거나 좋지 않은 표정을 지을 수 없다. 때로 생길 수 있는 오해의 소지도 줄어둘 수 있다. 상황에 따라서 그들의 반응을 가볍게 말로 넘길 수 있기 때문이다.

내가 전에 일을 하던 직장에 찾아갔다. 사람들은 반가워했으나 사은품을 주는 순간 하는 말은 모두가 "보험을 하세요!" 하면서 놀라는 표정이었다. 놀라는 표정과 더불어 "왜요?" 하면서 나를 다시 쳐다보았다. 사람들은 반응은 한 마디로 별로였다. 환영하는 사람, 잘 하셨다고 하는 사람은 거의 없었다. 이게 바로 보험이 가진 한국의 선입견인 것이다. 전에 직장뿐만 아니라 모임에 나가서도 보험을 한다고 했을 때의 반응은 별로였다. 그럴 때는 그냥 "투잡으로 하나 더 하고 있어요."라고 가볍게 대답했다. 한국인들이 가지고 있는 보험에 대한 선입견은 정말로 강하다.

❖쓸쓸하지만 받아들여야 한다

내가 한때 많은 도움을 주었던 사람이 있다. 그 사람의 진로문제부터 시작해서 가정사까지 그때마다 많은 도움을 주었다. 보험을 한다고 말을 하자 처음에는 적극적으로 응원을 한다고 하지만 내심 마음속으로는 반대를 했던 모양이다.

그 이후에 연락을 하니 보험을 하지 말고 이전의 직장으로 돌아오기를 바랐다. 함께 일을 하자고 했다. 그러고 나서 연락이 되지 않았다. 겨울이 지나고 봄이 되어도 연락이 없었다. 예전 같으면 만나도 몇 번을 만났을 것이다. 처음에는 당연히 보험도 가입하겠다고 하더니 이제는 연락조차 없다. 문자로 안부를 묻기는 했으나 돌아오는 대답은 나중에 보자는 것이다. 밤늦은 시간에도 전화로 대화를 했었는데 이제는 은근히 피하는 것이, 아니 부담을 느끼는 것이 느껴진다. 그냥 연락이 오는 때를 기다려야 하는 방법 밖에는 없었다. 먼저 또 연락하면 보험을 가입하라는 것으로 상대방이 오해를 할 수 있기 때문이다.

또 한 명도 역시 오랫동안 알고 지내면서 인생 상담을 해주었다. 사실 인생 상담이라는 것이 상대방의 이야기를 들어주고 나의 의견을 얘기해주는 것이다. 하지만 나는 나의 시간을 그 사람에게 할애해야 한다. 황금 같은 시간을 할애하는 것이다.

그런데 그 사람마저 내가 보험을 한다고 하자 태도가 돌변했다. 부담을 느끼는지 전화도 받지 않기 시작하고 심지어는 짜증도 냈다. 나중에는 연락이 끊어졌다. 보험이 하나도 없어서 며칠 동안 열심히 합리적으로 설계를 해서 보여주려 했는데 그 기회조차 없었다. 내가 누군가를 도와주었다는 것을 생색내려고 하는 게 아니다. 하지만 아무리 과거에 도움을 주었다 해도 보험을 한다는 말에 한순간에 이렇게 변하다니, 마음이 정말로 쓸쓸했다.

❖두 번 방문하면 싫어한다

전에 일하던 직장을 다시 방문했다. 한 번 방문할 때는 반기더니 두 번째 방문 때는 별로 반응이 없다. 보험을 하지 않았다면 사실 두 번 갈 일도 없을 것이다. 그런데 보험을 한다는 것을 알아서 그런지 차 한 잔도 함께 마시지 않았다. 그냥 왔구나 하는 그 수준인 것이다. 바로 보험에 대한 선입견이다. 보험 때문에 왔구나 하고 반응이 처음과는 달라지는 것이다.

처음 보험을 한다고 했고 예전 동료를 만나서 고객등록을 하고 보험을 살펴봐준다고 했다. 다시 들르겠다고 약속을 했는데 다시 방문하니 그 동료도 처음보다는 그렇게 나를 반기지 않았다. 부족한 보험에 대해서 설명을 해주었지만 생각만 하겠다고 냉정하게 말을 할 뿐 그 이상은 없었다. 나이가 어려서 보험료도 참 저렴하면서 보장을 높게 가져갈 수 있었지만 소귀에 경 읽기였다. 확실히 처음보다는 나를 보는 눈이 달라졌다. 무언가를 팔려고 하는 사람처럼 나를 바라보는 것이, 나를 대하는 것이 느꼈다. 한 번 방문이 환영을 받지 두 번 방문은 싫어한다. 이것이 보험인 것이다.

❖결국 가입하기 싫은 것이다

아무리 친하고 오랫동안 알고 지냈고, 정말 그 사람을 위해서 보험의 필요성과 가치에 대해서 대화를 했다 해도 보험을 가입하지 않는다면 그 사람은 보험 가입 자체가 싫은 것이다. 심지어는 나의 말에 귀를 기울여서 듣지도 않는다. 그러면서 매번 말을 돌리고 차 한잔 하자고 한다. 이런 사람도 나중에는 결국 연락이 끊기고 돌아서기 마련이다.

간혹 자주 연락하면 연락을 받는 경우도 있다. 보험에 대한 얘기도 자주 들어주는 사람도 있다. 좋은 상품과 시상에 대해서도 귀를 세우고 듣기도 한다. 하지만 결과는 가입하지 않는다. 어쩔 수 없이 연락은 하지만 마음은 가입을 안 하겠다는 결심을 한 것이다.

몸이 좋지 않다고 하면서 이런 저런 검사를 해보았다고 하기에 이상이 없어 다행이지만 앞으로 어떤 일이 벌어질지도 모르니, 행여나 문제가 생기면 보험가입이 더 힘들어진다고 말을 해도 듣고 흘러버린다. 결국 가입하기 싫은 것이다. 이럴 때는 그냥 감사해라. 연락을 끊어버리겠다는 사람도 있는데 이런 사람들에 비하면 낫지 않은가.

❖실속 있는 지인이 더 중요하다

보험을 가입하는 것도 중요하지만 제대로 가입하는 게 더 중요하다는 말을 한다. 나는 당신이 알고 있는 지인도 마찬가지라고 생각한다. 아는 것도 중요하지만 제대로 알고 있느냐가 더 중요하다. 1000명을 스마트폰에 저장해 놓았어도 한 명도 보험가입을 시키지 못한다면 사실 보험영업을 하는 입장에서는 도움이 안 된다. 또한 1000명을 알고 있어도 그중에서 금전적인 여유가 별로 없는 사람들 역시나 많은 도움이 안 된다. 물론 가입을 안 하는 것보다는 그들 중에서 작은 액수의 보험을 가입해주는 것만으로도 고마운 일이다. 하지만 작은 액수 다시 말해 5만원, 조금 더 높여서 10만 원 정도의 상품을 100명이 가입해준다면 고마움을 떠나서 몇 백배 감사를 드릴 수 있다. 그렇지만 내가 경험한 바로는 그럴 일은 없다.

예를 들어서 지인 10명을 열심히 찾아다니면서 3명의 고객에게 10만 원짜리 상품을 팔았다면 30만원을 판 것이다. 하지만 어느 누군가는 1명에게서 50만원, 100만원의 상품을 판다. 이러면 상황은 달라진다. 화재보험의 경우 500만원이 보험료로도 책정할 수도 있다. 이럴 경우 개인 실적의 차이가 엄청나다.

내가 한 달에 간신히 30만원의 보험료를 팔았을 때 동기는 200만원을 팔았다. 이건 게임자체가 안 된다. 지인이 없거나 지인이 금전적으로 여유가 없어 수십 명을 만나서 죽도록 고생해서 30만원을 파는 것과 똑같은 수십 명의 여유로운 사람들은 만나서 200만원의 보험료를 파는 것은, 당연히 한 달 후에 받게 될 수수료와 시상액도 차이가 엄청나게 커진다. 이는 다음 달에 목표 달성, 더 나아가 1년을 통틀어 큰 영향을 미친다.

내가 깨달은 바로는 그렇다. 인맥이 넓은 건 좋은 것이다. 하지만 넓다고만 좋은 것은 아니다. 한 명의 사람을 알고 있어도 사업체를 운영하든가 아니면 금전적으로 여유가 있어야 한다는 것이다. 실속이 중요하다는 것이다. 10만원의 보험료로는 한 달 한 달 실적에 급급하기 마련이고 수수료도 적어진다. 인맥은 많은 것보다는 인맥의 스케일이 중요하다.

화창한 봄날의
보험영업 이야기

세상에 일어나는 모든 일은 나름의 의미가 있다.
반드시 지나고 난 후에 알 수 있다.
그래서 아무리 힘들어도 감사해야 한다.
시간이 흐르면 다 이유가 있었음을 깨닫게 되기 때문이다.
감사해라. 감사해라. 억만 번 감사하자.
자신이 건강하게 하루를 출근할 수 있다는 것에,
누구에게 보험 상품을 팔 것인가를 고민하는 이 순간을,
전혀 몰랐던 분들을 보험회사에 와서
좋은 인연으로 만나게 되었음을 감사해라.
감사한 일들은 주변에 무궁무진하게 많다.
오늘 하루도 감사하면서 자신에게 주어진 일을 묵묵히 해야 한다.
지나고 나면 그때가 좋았음을 깨닫게 될 것이기 때문이다.

인생의
깨달음을 얻다

Part IV

제1장
영업은 한 번쯤 해봐야 한다

❖인생을 배우고 깨달음을 얻다

　세상에 일어나는 일은 어떤 식으로든 다 이유가 있다. 우주의 절대불변의 법칙은 모든 것은 변한다는 것이다. 세상이 변하듯 자연이 변하듯 사람도 변한다. 어떤 원인에서든 변화하는 것은 우주의 법칙을 따르는 것이다. 자연의 법칙을 따르는 것이다. 거부할 수 없는 운명이다.

　사람이 어떤 행위를 할 때 그것의 영향으로 사람은 변한다. 시행착오를 겪으며 배우고 익히고 즐거움과 슬픔을 함께 느낀다. 그 속에서 인생을 배우고 깨달음을 얻고 자신을 발전시키며 살아간다. 이것은 살아있는 생명체, 특히나 이성적 판단을 할 수 있는 우리 고등동물 인간에게는 받아들일 수밖에는 숙명이다.

　보험영업을 하면서 나는 인생을 배웠다. 깨달음을 얻었다. 내가 살아오면서 접해보지 않은 회사의 단체를 경험해 보았고 나이를 뛰어넘는 사람들과 대화를 하며 그들의 삶을 보고 나의 삶을 다시 보기도 했다. 영업이라는 직업, 영업 중에서도 가장 힘든 업종이라는 보험영업을 통해서 나는 인생을 깨닫고 배웠다. 좀 더 성숙한 눈으로 세상과 세상 사람들을 바라 볼 수 있는 눈을 가질 수 있었다. 자신에게 일어나는 세상 모든 것은 반드시 고통만 가져다주는 것이 아니다. 그와 동시에 행복과 미래의 발판을 주기도 한다. 인생을 깨닫고 배우는 평생 학습을 하는 인간에게 영업은 한 번쯤은 경험해 봐야 하는 직업이라고 생각한다.

❖생기 있는 삶을 산다

당신은 하루에 몇 명을 만나서 대화한다고 생각하는가. 직장을 다니는 사람들도 주변 사람들 몇 명과 식사하고 대화를 한다. 굉장히 한정적이다. 그런데 영업을 하면 정말로 많은 사람과 만날 수 있고 대화를 할 수가 있다. 사람을 만나는 직업이기 때문이다. 더욱이 보험은 다른 영업과는 확연히 다르다. 매번 새로운 사람을 만나야 하는 직업이다. 사람들과 이렇게 자주 만나기 때문에 굉장히 활동적인 사람으로 변해간다. 상품을 팔고 못 팔고를 떠나서 사람들과 만나서 대화를 하는 것만으로도 생기가 돈다. 사람을 만나고 대화하는 것에 자신감이 생기고 거부감이 없어진다. 사람이 사람을 만나는 일은 즐겁다. 혼자 있는 것보다는 사람과 만나서 대화를 할 때 스트레스도 해소되고 삶의 의미도 찾게 된다. 밝고 긍정적인 사람이 된다. 생활의 활력이 생긴다.

❖세상을 다르게 본다

보험을 하면서, 사람을 많이 만나게 됨에 따라 내가 몰랐던 사람들의 속마음을 알게 된다. 이해관계가 없을 때 보았던 사람들, 그냥 연락을 하고 식사하고 업무와 관련된 것들에 대해서 대화만 했던 사람들인데 막상 보험을 하니 그 사람들의 진정한 모습을 알 수 있게 되었다. 알고 지내던 지인들에게 보험 얘기를 했을 때, 반응하는 모습들을 살펴보면 이 사람의 진정한 모습은 이런 것이었다는 것을 새삼 깨닫게 된다.

또한 태어나서 처음 보는 사람들에게 접근해서 보험 얘기를 했을 때 그들의 반응은 다양하다. "이런 스타일의 사람들은 이렇게 반응을 하는구나. 정말로 예의가 없구나. 거절도 친절하게 하는구나." 등 다양한 느낌을 갖는다. 그러면서 "세상이 이렇구나. 세상이 이런 거였어. 내가 지금까지 아는 세상과는 참 달라." 이렇게 세상을 다르게 보게 된다. 어찌 보면 세상 공부를 하는 셈이다. 더 늦기 전에 경험한 것도 천만다행이라고 생각한다.

❖보험회사는 즐겁다

보험회사는 다양한 연령층이 존재한다. 대체적으로 인생을 살면서 많은 경험을 하신 분들이 많다. 연륜이 느껴진다. 형식과 격식을 덜 차린다. 사람 사는 삶이 다 똑같다는 말이 맞다는 것을 느낀다. 그분들과 대화를 하면서 젊은 사람들이 듣지 못하는 말도 들어본다. 인생을 겪어본 그분들에게는 체면을 차리는 것 같은 것도 없다. 너무도 좋다.

보험회사는 한 달에 한 번은 전체 회의를 마치고 지점에서 식사를 한다. 그 외에 필요에 따라서 함께 여행을 가기도 한다. 영화를 보러가기도 하고 차를 마시기도 한다. 그렇게 하루를 부담 없이 그냥 보내기도 한다. 이때만큼은 너무도 행복하다. 보험회사에서의 삶은 적정수준의 실적만 채우면 아주 즐거울 수 있는 곳이다.

❖영업은 가치 있는 경험이다

내 주변에 영업을 해보았던 지인이 있다. 구체적으로 말하면 내 친형의 친구이다. 그 형은 20대 초반에 서울에 올라와서 한 때 붐이었던 벤처기업을 다니다가, 회사가 어려워져 백수가 될 수밖에 없었다. 큰 뜻을 품고 서울에 올라왔는데 이렇게 다시 고향에 내려갈 수가 없어 무엇이든 해서 살아야만 했다. 서울에서 버텨야만 했다. 그래서 시작한 것이 학습지 영업이었다.

서울의 주택과 아파트 곳곳을 돌아다녔다. 지방에도 가서 영업을 해본 적도 있다. 매일 열심히 일했다. 젊은 혈기로 밀어붙였다. 그 결과 영업왕도 몇 차례 수상했다. 당연히 수입도 괜찮았다.

하지만 고된 서울의 삶이 그렇게 녹록치 않았다. 그래서 더 큰 욕심에 직원들을 데리고 대리점을 개설했다. 마음이 착해 실적이 좋지 않아 먹고 살기 힘든 직원들의 월급을 자신의 자비로 주면서 운영했는데 나중에는 빚에 빚이 늘어갔다. 결국은 대리점을 접고 누구에게도 알리지 않은 채, 강남의 고급 목욕탕에서 목욕관리사로 일을 하면서 빚을 다 갚고 고향으로 내려왔다. 비싼 돈을 주고 배운 떡 기술로 떡집을 열어 지금은 잘 운영하고 있다. 아파트도 사고 결혼해서 안정적으로 자리를 잡았다.

그 형의 말에 따르면, 어떤 영업이든 쉽지는 않지만 살아가면서 한 번쯤은 해봐야 한다는 것이다. 결국은 나중에 자신만의 사업을 할 수밖에 없는데 영업을 하면서 깨달은 그 노하우가 많은 도움이 된다는 것이다. 그러면서 자판기 영업을 할 때의 한 일화를 얘기해주었다.

약국에 가서 매일 음료수 자판기 한 대를 놓으라고 얘기를 하자 약사는 짜증을 내고 오지 말라는 말까지 했다고 한다. 이에 굴하지 않고 일주일은 주변 동료를 보내서 자판기 영업을 하되 절대로 어디 회사인지를 밝히지 말라고 했다. 그렇게 일주일을 보내고 또 일주일은 그 형이 직접 찾아가서 권유를 했다. 갈 때마다 작은 음료수 한 캔을 건넸다. 중간 중간에 고객의 반응을 살펴보기도 했다. 그렇게 노력한 끝에 한 달 만에 약사는 음료수 자판기를 약국 앞에 설치했다. 인내와 끈기의 승리였다. 아무것도 아닌 것 같지만 그 형은 목표를 향해서 많은 고민을 하고 전략 세웠던 것이다.

지금의 떡집도 사전조사부터 철저히 한 후에 시작했다고 했다. 사실 지금의 떡집은 운이 좋았다고 했다. 동생이 떡집을 창업한다기에 도와주었다가 동생은 폐업했다고 하면서, 실력도 실력이지만 전략도 전략이지만 운이 반드시 따라주어야 하다고 했다. 3박자가 맞춰져야 성공할 수 있다고 했다. 그러면서 인생에 있어 영업으로 크게 성공하기는 정말로 힘들지만 한 번쯤은 경험할 가치가 충분히 있다고 했다.

제2장
하늘이 주신 인연

❖같은 길을 가는 동기

보험회사는 교육을 함께 받은 동기들이 있다. 일반적으로 회사는 연령 차이가 크게 나지 않는다. 사회생활에서 알게 되는 사람들도 그렇게 나이 차이가 많이 나지 않는다. 그런데 보험회사는 다르다. 보험회사의 평균 연령이 50이라고 하는 점을 감안해보면 당신의 나이와 비교해 어느 정도 차이가 나는지 알 수 있다. 30살이라면 정말로 어리다는 말을 듣는다.

남자라면 대부분이 과거에 직장에서 20년 이상 일을 하거나 퇴임을 한 이후에 오는 경우다. 여자 같은 경우는 직장을 다녀본 경험이 있고 결혼해서 출산을 하고 재취업이 힘들어서 부업의 개념으로 접근하는 경우도 있다. 20대의 젊은 나이에 도전해보고 싶어서 오는 경우도 있다. 50, 60대로서 자녀들을 거의 다 키우고 노후에 일을 하고자 오는 경우도 있다.

이처럼 다양한 경험을 가진 분들이 모인다. 다양한 나이, 다양한 직업

군, 다양한 관점이 모이는 자리다. 젊은 사람들과 연세가 있으신 분들이 모두 한자리에서 어울리기 때문에 조화가 잘 되고 분위기가 어느 쪽에 치우치지 않는다. 삶을 아는 나이이기에 이해를 많이 해 주신다. 질서가 잡힌다. 젊은 사람들도 배울 점들이 많다. 그래서 즐겁다. 스트레스가 있어도 동기분들과 대화하고 식사를 하면 해결이 된다. 그분들이 보는 관점에서는 또 다른 해결방법이 나올 수도 있다.

내가 개척한 몇 곳에 제안서를 가지고 갔지만 아무런 소득도 없이 돌아온 날이 있었다. 밤에 사무실에 오니 아무도 없었다. 나는 단체 채팅방에 글을 남겼다. "지금 사무실에 들어왔어요. 아무 실적도 없이…" 그랬더니 동기분들의 격려가 이어졌다. 그래 내가 살아오면서 이렇게 격려를 받아 본 일이 있었는가. 정말로 감사했다.

❖감사한 동기분들

사람들은 대부분 자신의 연령대를 크게 벗어난 사람들과 관계를 맺지 않는다. 직장에서 마주친다고는 하지만 실질적으로 그건 관계를 맺기 보다는 수직적인 관계로서 서로 부담스러운 관계로 지내는 것이 일상의 흔한 풍경이다. 하지만 보험회사는 다르다. 다양한 연령대가 존재한다. 수평적인 관계이다. 또한 서로 부담을 주는 존재도 아니다. 눈치를 보는 관계도 아니다. 업무적으로 서로 부딪힐 일도 없다. 일반 회사의 조직과는 좀 다른 관계를 맺는다. 왜냐하면 나이를 떠나 동기라는 이름 때문이다.

보험회사는 다양한 사람들이 모인다. 이렇게 다양한 연령대, 다양한 직업, 다양한 경험을 가진 분들을 만날 수 있는 곳은 없을 것이다. 충실한 전업주부부터 시작해서 사회에서 저명 인사였던 분도 계신다. 이분들의 얘기를 들으면 그야말로 인생 그 자체다. 간접 경험을 함으로써 새로운 인생을 갖게 된다. 그리고 나의 미래도 생각해본다.

내가 그분들의 나이가 되었을 때 나는 어떤 모습일까, 어떤 일을 하고 있을까. 어떤 분은 자신이 늙었지만 사회생활을 할 수 있어 고맙다는 말도 하셨다. 집에 있는 것보다는 이렇게 밖에 나와서 젊은 사람들과 어울리는 거, 일을 하는 거 자체를 즐겁게 생각하시는 분도 계셨다. 한 분 한 분과 대화를 하면서 그분들의 삶을 본다. 그러면서 나의 삶도 투영해본다. 이런 훌륭한 분들과 있으면 즐겁다. 동기분들은 이미 나보다도 10년, 20년 더 오랜 인생을 살아보셨기 때문에 나보다 더 험난한 삶을 이겨내고 극복하셨기에 그 삶의 얘기가 마음속에 와 닿는다.

나의 고통은 고통이 아니다. 그냥 즐겁다. 그분들을 보면 힘이 나고 즐겁다. 모임 때도 대화 자체가 젊은 사람들과는 다르다. 늘 배려해주시고 어느 정도의 선을 자연스럽게 지켜주신다. 삶을 알기 때문이다. 사람을 알기 때문이다. 세상을 어떻게 바라보아야 하고 어떤 사람들과 어떻게 지내야 한다는 것도 알고 계신다. 누구 하나 소외시키는 법도 없다. 힘들 때 격려도 해주신다. 모두를 포용하려 하신다. 자연스럽게 나도 그 곳에서 빠져든다. 감사하다. 내게 너무도 많은 것을 가르쳐주셨다. 깨닫게 해주셨다. 더 나아가 이런 분들을 만날 수 있게 해준 보험회사에 감사한다.

❖행복지수가 올라갔다

하루 일과가 끝나고 헬스장에서 운동을 하다가 문득 생각이 떠올랐다. 보험회사에 와서 동기분들을 만나 일시적으로나마 행복지수가 올라갔다는 것, 행복을 얻었으니 오히려 돈을 번 것이라는 생각이었다. 사람들은 행복을 위해서 돈을 쓰면서 영화를 보고 친구들을 만나서 술을 마신다. 누구는 수십, 수백만 원을 들여서 취미를 위한 장비를 사고 즐긴다. 그에 비하면 나는 돈을 쓰지 않고도 행복하다. 이러면 돈으로 살 수 없는 행복을 얻은 것이다.

사람들이 얼마나 행복을 갈구하는가. 돈을 많이 벌면 행복지수가 떨어지고 돈을 적게 벌면 행복지수가 올라간다. 나는 늘 이게 아이러니다. 행복은 주변에 있고 내 안에 있다지만 돈이 없다면 내 안에 있는 행복도 찾을 수가 없다. 어찌되었든 동기분들이 있어 행복하다.

❖아쉬운 퇴사소식

한 달 한 달이 지남에 따라서 함께 입사했던 동기들이 보이지 않기 시작한다. 말없이 안 나오더니 더 좋은 곳에서 일을 하게 되었다고 단체 채팅방에 글이 올라왔다. 그동안의 모든 것은 추억으로 가져가겠다고 한다.

내가 가장 먼저 퇴사를 할 수밖에 없을 거라고 생각했는데 나보다 더 빠른 분들이 계셨다. 자신의 계약을 넣고 가족의 계약을 넣고 그 다음은 이제 자신의 존재를 지인과 모르는 사람들에게 알리고 영업을 해야 하는데 사실 그게 쉽지 않은 것이다. 그렇게 하기에는 자신에게 다가올 그들의 반응과 자신의 이미지가 한순간에 어떻게 될지 모르기 때문이다. 내가 그랬던 것처럼 순간 위험해질 수가 있다.

　나보다 연세가 훨씬 많으신 분들은 그동안의 사회생활에서 차지했던 위치가 한순간에 추락할 수 있다. 나는 잃어도 크게 잃을 것이 없지만 그분들은 상황이 다르다. 지금 사람을 잃으면 만날 사람도 의지할 사람도 없어지면 새로 만날 수 있는 사람의 한계가 지어지기 때문이다. 그래서 힘든 것이다. 젊은 사람들은 얼마든지 새로 사람을 사귀고 관계를 새로 정립할 수 있다. 젊은 나도 마음고생이 있는데 연세가 있으신 분들은 더 심했으리라 생각한다. 또한 새로운 지식을 배우고 실전에 적용하는 과정 또한 힘들고 어려웠을 것이다. 나이가 들면서 얽매이는 것 대신에 무언가에서 자유로워지기를 원하는데 여기는 더 제약이 심했을 것이다.

　나는 퇴사한 동기분들에게 존경을 표한다. 내가 그분들의 나이라면 도전하기 힘들었을 것이다. 정말로 존경한다. 그분들 정말 수고하셨다. 늘 행복하고 건강하시기를 진심으로 기원한다.

제3장
나의 소중한 건강

❖보험에 대한 사회적인 인식

보험설계사가 힘든 이유가 무엇일까. 다른 영업에 비해서 왜 사람들이 얘기만 꺼내도 술렁대고 전화를 피하며 바라보는 눈이 달라지는 걸까. 사실 보험 하는 게 죄는 아니다. 이것도 직업군에 존재하는 직업중의 하나다.

1. 친척조차도 고객등록 하려고 주민번호를 알려달라고 하면 무엇에 쓰려고 하냐면서 버럭 성질을 내기도 한다. 자세한 설명을 하면 그제서야 "보험 하는 사람들은 다 그렇잖아" 하고 넘어간다.

2. "주변에 보험 할 사람이 어디 있니. 나도 보험 다 있어. 어떤 보험이 어떻게 가입되어 있는지 알려주지 않아도 돼. 고객등록은 미안하지만 안 되겠다."

3. "형 나중에 봬요." 그리고 한 달, 두 달, 석 달, 5개월이 훌쩍 넘어간다. 도대체 언제 보자는 건가. 예전에는 "바쁘지만 주말에 차 한 잔도 못 마시겠어요?" 하더니 이제는 주 7일을 나가서 일을 한다고 하면서 10분도 시간을 낼 수 없다고 한다. 이걸 믿으라는 것인가.

4. 10년을 알고 지냈던 사람도 예전 같으면 주말에 당장 볼 사람인데, 이제는 한가해지면 보겠다고 하면서 연락도 없다.

내가 말한 위의 모든 것은 내가 보험을 한다고 하니 피하는 것이다. 왜 그런 것일까. 곰곰이 생각해보면 보험에 대한 한국 사회에 대한 인식의 문제이다. 직업에 귀천이 어디 있냐고 이론적으로 그렇게 말하지만 실상은 어떠한가. 존재한다. 보험도 마찬가지인 거 같다. 언제부터인지 모르지만 사람들에게 깊게 뿌리박혀 있는 인식은 바뀌기 힘들 것이다. 정작 무슨 일이 생겼을 때 제일 먼저 찾는 것이 보험이고, 자신이 부자가 아닌 이상 보험으로 미래를 보장 받을 수밖에 없다는 것을 알면서도 인식은 전혀 다르다. 이것이 안타깝고 아이러니하다.

❖잊을 수 없는 고통의 순간

새벽에 다리가 아파서 일어났더니 다리에 쥐가 났다. 그래서 일어나서 움직이고 다리를 펴고 주물렀다. 조금 나아진 거 같아서 다시 누웠다. 화장실에 가고 싶어 일어났는데 순간 핑하고 어지러웠다. 이상하다 생각하면서 화장실 문을 열고 들어갔는데 서 있을 수가 없었다. 앞이 보이지 않고 쓰러질 것만 같았다. 화장실을 나와서 몸을 가누지 못하고 쓰러졌다.

몸을 움직일 수 없었고 고통이 나를 지배했다. 순간 내가 죽는 것인가 하는 생각이 들었다. 아직 할 일이 많이 남았는데, 이대로는….

그렇게 10분을 누워 있었다. 그런데 몸이 움직였다. 고통이 서서히 사라졌다. 나는 다시 자리를 잡고 잠을 잤다. 아침에 그런 일이 있었지만 정신을 차리고 출근을 했다. 그런데 하루를 생활하면서 그 불길함은 여전했다. 내가 혹시 무슨 병이라도 있는 게 아닌가 하는 생각이 들었다. 그래서 검색을 통해서 이런 저런 병을 찾았다. 뇌에 이상이 있는 건 아닌가 해서 말이다. 영화 속의 뇌에 이상이 있었던 사람들의 한 장면이 스쳐 지나가기도 했다. 그러면서 주변의 조언을 구하기도 했고 부모님과 상의를 해보기도 했다.

❖처음으로 해보는 뇌 검사

결국 나는 태어나서 처음으로 뇌 검사를 해보았다. 주변의 수많은 정보를 수집해보고 판단해서 결정을 내렸다. MRI, MRA라는 들어보지도 못한 발음하기도 힘든 검사를 했다. 전날 밤에도 부모님은 "별 다른 이상은 없을 거야. 설마 이상이 있겠니? 아직도 나이가 젊은데…"라고 하며 긍정적인 기운을 주셨다.

나도 물론 부모님처럼 생각하지만, 정말로 별 이상은 없겠지만, 있어서도 안 되겠지만, 혹시나 하는 마음에 검사를 하는 편이 마음에 위안이 될 거 같았다. 사실 그 전부터 머리가 많이 아파오기 시작했었다. 그래서 더 더욱 이 모든 것을 불식시키기 위해서 검사를 해보고 싶었다.

아침에 서둘러서 병원을 찾았다. 내심 긴장이 되었다. 혹시나 무슨 일이 있다면 어떡하지. TV에서나 보던 그 의료장비가 내 눈 앞에 있었다. 그 안에 들어가려고 누워있는데 숨이 막혀오는 거 같았다. 순간 손을 들어 "잠시만요"를 외쳤다. 나는 숨을 아주 천천히 들이마시고 난 다음에야 들어갈 수 있었다. 귀를 덮은 큰 헤드셋에서 흘러나오는 그 음악은 즐겁지도 슬프지도 않았다. 사람의 목소리가 없는 그 멜로디. 나는 인기가요라도 흘러나올 줄 알았는데 아니었다. 검사 내내 편안하게 눈을 감고 있는데 많은 생각이 오갔다. 죽음에 대해서. 앞으로의 삶에 대해서. 그리고 아무런 이상이 없기를 진심으로 바랐다.

❖생각을 바꾸어 뇌를 쉬게 하자

보험영업을 하면 뇌가 하루도 쉬지 않는다. 보통 보험이 아닌 영업은 모든 사람이 영업의 대상이 되지는 않는다. 일반회사는 일을 하다가도 주말이면 그 일을 잊고 주말에 다른 생각을 하면서 휴식을 취하기도 한다. 그런데 보험은 만나는 사람마다 영업의 대상이 된다. 그렇다보니 주말에도 평일 일과 이후에도 나의 뇌는 오로지 보험영업에서 헤어 나오지 못했다. 뇌가 과부하에 걸렸다. 어느 순간 이렇게는 절대로 안 되겠다는 생각을 했다. 그렇게 마음을 바꾸었다. 뇌가 쉬는 시간이 필요하고 나의 몸도 마음도 휴식이 필요했다.

평상시에 사람을 만날 때도 편안하게, 보험을 생각하지 말고 만나기로 했다. 어차피 보험은 살 사람은 사게 되어 있고 사지 않을 사람은 사지 않는다. 사람들에게 기대하지 말고 만나고 대가를 바라지 말고 사은품을 주자는 마음을 가질 때 뇌가 편안해졌다. 그러자 더욱 힘이 났다. 몸도 한결 가벼워졌다. 당신도 힘들 때는 이렇게 마음을 바꾸어 보라. 영업도 내가 살기 위해서인데, 오히려 주객이 전도되어 건강이 안 좋으면 아무것도 할 수 없다.

❖잠의 소중함

밤에 잠을 잘 자는 것도 정말로 고맙고 감사한 일이라는 걸 깨달았다. 새벽마다 잠을 자다가 깨기를 반복했다. 하루 이틀의 일이 아니었다. 왜 일까. 그리고 머릿속에는 복잡한 생각이 가득했다. 구체적으로 말을 하면 어디에서 상품을 팔아야 하는가, 내가 이달에 팔아야 하는 금액이 얼마인데, 그것을 맞추어야 하는데…. 불면증이 심해지다 보니 당연히 몸의 다른 곳들에 서서히 이상이 오기 시작했다.

우리가 평상시에 아무것도 아니라고 생각하는 것, 그것의 소중함을 우리는 모르고 지나치고 있다. 주변에 감사해야 할 일이 너무도 가득하다. 잠만 해도 그렇다. 어릴 때는 잠을 자는 거 자체가 삶의 어떤 한 부분으로 자리 잡는 걸 모른다. 그냥 졸리면 자면 된다고 생각한다. 잠이라는 것이 우리 삶의 가장 큰 부분을 차지하고 있음에도 말이다. 나이가 들수록 당연한 것도 당연한 것이 아닌 것으로 다가올 때 우리는 늙고 있음에 씁쓸해한다.

❖건강이 최우선이다

사람에게는 일도 중요하지만 휴식도 중요하다. 아니 더 구체적으로 노는 것도 중요하다. 그런데 한 달 내내 누구에게 어떻게 상품을 팔아야 할지를 고민하고 있다 보면 뇌는 쉬지를 못하고 계속해서 움직인다. 자동차도 쉬지 않고 하루 24시간을 달린다면 엔진이 과열되어 멈추어 버릴 것이다.

내가 그렇다는 생각이 들었다. 우리 몸을 관장하는 뇌에 과부하가 걸리는데 다른 부분은 어떻겠는가. 실적을 내려고 결국은 돈을 벌려고 한 달 내내 뛰어다녀 얻은 수수료와 나의 건강을 비교해보면 수수료가 상대적으로 아무것도 아니라는 생각이 들었다. 어느 순간부터 건강보다 상품 파는 것이 우선시되어 있는 나를 발견했다. 내가 상품을 파는 것도 다 나의 건강을 위해서이고, 내가 생명을 유지하기 위해서가 아니던가. 길게 가려면 지금 당장의 급한 마음 타오르는 열정을 낮출 필요가 있었다.

건강을 잃으면 모든 것을 잃은 것이나 다름없다. 이 멋진 세상을 자유롭게 돌아다닐 수가 없다. 사랑하는 사람과 함께 언제라도 행복하게 웃으면서 하루하루를 보낼 수 없다. 세상은 아름답다. 현재의 내 마음에 따라서 얼마든지 다르게 보이는 게 세상이다. 당신도 스트레스를 풀어라. 건강이 없으면 영업도 할 수 없다. 건강을 최우선으로 생각하자.

❖실적에 대한 강박관념

나에게 일어나는 여러 변화의 원인은 바로 그 달에 맞추어야 하는 실적이라는 것을 알았다. 회사가 큰 억압을 주는 건 아니다. 작은 억압은 준다. 하지만 나 스스로 한 주 한 주 그 목표를 맞추어야 한다는 강박관념에 사로잡히는 것이다. 그래서 목표가 무서운 것이다. 공동의 목표를 설정해 놓으면 무의식적으로 달성하고자 한다. 그 목표치를 달성하는 사람의 이름이나 사진이 실적 판에 붙을 경우, 누가 뭐라고 하지 않아도 중압감이 든다.

목표치에 도달하지 못하면 자신은 도태하고 있고, 현재의 자신은 무능력하다고 느끼고 자존감이 사라진다. 그 목표치에 달성하면 한 없이 기쁘고 자신이 뿌듯하다. 달성한 자는 성취감이 극대화되고 달성하지 못한 사람은 자신을 더 채찍질한다. 그러다 보면 몸이 견딜 수 있는 한계를 넘어선다. 그러면 결국 탈이 나게 된다. 그래서 영업을 절반은 즐겁게 놀듯이 할 필요가 있다. 세상 살아보니 노력한 만큼, 신경 쓴 만큼 모든 것이 돌아오는 것도 아니다. 세상의 변수는 참 많다. 그러니 중간에 쓰러지지 말고 반은 놀듯이 즐겁게 마음 편하게 가라.

❖가족이 힐링이다

주말에 가족과 함께 영덕에 갔다. 태어나서 처음 가보는 영덕이다. 대게로 유명하다고 하지만 서울에서 바쁘고 여유 없이 살다보니 갈 수가 없었다. 그렇다고 풍족하게 벌면서 사는 것도 아닌데 말이다. 빚에 허덕이며 살면서 뭐가 그리도 바쁜지. 그런데 가족이 있기에 가끔 이렇게 서울을 떠나서 힐링을 한다.

대게의 고장에 가니 생각보다는 좀 달랐다. 진정 국내산은 너무도 비샀다. 아니 우리에게 국내산인지 외국산인지 얘기를 한들 알 수가 있나. 여하튼 몇 시간 동안 구경을 하고 바람도 쐬고 바다를 보니 마음은 한결 나아졌다. 모든 것을 잊고 가족과 함께 지내는 것이 행복이다. 좋은 대게를 먹으며 원기회복도 하고 나니 즐거움도 두 배가 되었다. 세상 왜 굳이 그렇게 힘들게 살아야 하나, 무엇을 위해서 그렇게 몸이 아플 정도로 일을 하고 신경을 쓰는 것인지. 다시금 나를 생각해 본다.

행복이란 이렇게 가족과 함께 즐겁게 식사를 하고 같은 곳을 바라보면서 대화를 하고 즐기는 것이 아니던가. 늘 답이 없는 곳에서 매번 같은 것을 반복하면서 사는 거 같다. 결국 사람은 유전적인 고향인 어머니, 다시 말해 부모님께 가면 행복해진다. 때로는 그 고향이 모든 것을 해결해 준다.

❖늘 나를 걱정하시는 어머니

이 책을 읽는 여러분도 부모님이 계실 것이다. 보험을 한다고 하면 부모님의 반응은 어떨까. 분명히 함께 걱정을 하며, 우려를 표하기도 하고, 격려를 해주기도 하고, 심지어 보험도 들어주겠다고 하실 것이다. 자식이 하겠다는데 마음으로는 얼마든지 도와주실 준비가 되어 있을 것이다. 나의 어머니도 마찬가지였다.

내가 보험회사에 들어가는 날부터 어머니는 매일 전화를 하셨다. 교육을 받을 때는 덜했지만 실제로 영업을 하러 다닐 때에는 매일 전화를 해서 오늘은 누구를 만났으며 어떤 상품을 팔았는지 물어보셨다.

어머니라면 당연히 아들의 일에 관심이 많을 것이다. 자식이 나이가 들어도 어머니에게는 늘 어린아이인 것이다. 더욱이 보험이 힘들다는 것을 아시기에 더욱 더 걱정하는 것이다. 괜히 어머니께 걱정 하나를 더 드리는 거 같아서 매번 마음이 좋지 않았다. 고객등록을 하는데 인원이 부족하다고 하니 주변 사람들에게 양해를 구해 도와주시는 모습에 마음이 아프기도 했다. 어머니는 어머니인 것이다. 효도를 못해드리는데 보험을 한다고 어머니에게 걱정을 안겨드리니 마음이 아프고 슬펐다.

제4장
나를 돌아보다

❖월급의 기본조건

어느 날 문득 월급의 기본 조건이 생각나서 살펴보았다. 지금까지는 그냥 파는 것에, 아니 회사가 정해놓은 실적만 맞추면 된다고 생각을 했다. 나누어준 인쇄물에 적힌 것을 보고 놀랐다. 가만히 있다고 해서, 아니 조금 판다고만 해서 되는 것이 아님을 알았다. 상품별로 차이는 있지만 대략 25만원을 팔아야 등급이 형성되는데, 이는 월급을 받기에는 적은 액수다. 37만원은 팔아야 지점에서 신인들에게 주어진 등급을 완성할 수 있다. 이렇게 될 때 회사에서 여러 항목으로 주는 수당을 받을 수 있다. 등급이 없다면 아예 받을 수가 없다. 그러면 그동안의 차비도 받을 수가 없는 상황이 된다.

그동안 상품을 얼마나 많이 팔았느냐에 따라서 사람마다 차이는 있을 수 있다. 그런데 지점에서 신인에게 요구하는 등급을 받았다 해도 이게 끝이 아니었다. 목표치에 따라서 나오는 등급별 수당도 따로 챙겨야 한다. 그 등급 구간에 들어가지 못하면 당연히 수당도 줄어든다. 이를 어찌하나. 이 사실을 안 순간부터 굉장히 현실적으로 나 자신이 변했다. 물론 많이 판다면 이런 것이 무슨 의미가 있겠냐만 그리 되지 않으니 문제인 것이다.

❖나의 재무를 살펴보다

한 달 한 달이 지날수록 회사에서 제공되는 수당은 조금씩 줄어든다. 왜냐하면 상품을 매달 팔 때마다 수수료가 많이 쌓여가고 있는데 수당도 그대로라면 회사에서는 이익이 없을 것이다. 초기에는 그만큼 정착을 잘 하게끔 회사에서 도와주는 것이다.

어느 날 새벽에 잠이 오지 않았다. 순간 내가 한 달에 지출하는 고정비를 따져보고 싶었다. 나는 지금까지 살면서 상세하게 고정비를 따져보지 않았다. 이번에는 왠지 알고 싶었다. 실적을 맞추려고 내 보험을 계약했기 때문에 추가적으로 돈이 지출된다는 것이 나에게 경각심을 불러 일으켰다.

새벽에 눈이 떠져서 하나하나 적어가면서 계산을 해보았더니 정말로 놀라웠다. 아니 위험하다는 신호가 왔다. 한 달 고정비가 150만원 정도였다. 여기에 식비와 기타 비용을 더하면 한 달에 200만원을 벌어도 저축하는 게 없다는 판단이 섰다. 그렇다면 내가 현재 보험회사에서 받는 수당은 얼마인가. 정말로 심각하게 받아들였다. 계속해서 이렇게 지낸다면 나는 어떤 상황이 될까. 잠을 잘 수 없는 상황이 왔다. 뜬 눈으로 지냈다. 왜 이제야 나의 재무를 꼼꼼하게 살펴보았을까, 후회가 밀려왔다.

❖책을 쓰자

어느 날부터인가 책을 써야겠다고 마음먹었다. 시중에 보면 보험에 대한 책이 별로 없다. 그마저도 보험으로 나름 성공한 사람의 이야기만 있다. 보험으로 성공하기는 쉽지 않다. 그래서 성공한 사람이 말하는 걸 들을 필요는 있다. 그런데 성공이 그리 쉬운 것인가.

성공한 사람이 연봉 10억의 경지에 오르기까지는 10년, 20년의 시간이 걸렸다. 그런데 보험을 이제 막 시작하는 사람들, 보험에서 몇 년도 되지 않은 사람들이 읽기에는 너무 큰 생각의 격차가 발생한다. 같은 일을 하는 보험설계사의 이야기지만 다른 업종의 사람이 얘기하는 것처럼 들린다.

무엇이든 출발과 시작이 중요하다. 출발과 시작이 좋아야 끝도 좋은 법이다. 시작은 누구나가 미비하고 실수투성이기 때문에 그것을 밝히려 하지 않는다. 꺼려한다. 성공해야 자존감도 생기도 노하우도 생겨서 책을 쓰고 강연을 할 수가 있다고 생각한다. 그런데 책은 누구를 위한 것인가. 본인만을 위한 것이 아니다. 성공이라는 관문은 좁기 때문에 성공과는 너무 멀리 떨어져 있던 출발점과 발돋움을 하기 위한 발판인 시행착오의 과정이라는 관점에서도 사람들에게 알려주어야 한다. 출발점에서 함께 고민하고 공유할 수 있는 관점의 책이 필요한 것이다.

성공한 사람도 이런 과정이 있기에 지금의 성공이라는 기쁨을 누린 것이다. 거창하게 멋지게 성공했기에 더 높은 위치에 있다고 떳떳하게 책을 쓴다면 본인은 자랑스럽고 당당하겠지만 공감하고 공유하기에는 거리감이 생길 것이다. 그래서 나는 시작점에 서 있는 사람들을 위한 책, 그들이 초반에 겪게 될 일들을 삶의 흔적으로 남겨서 그들과 공유하고 공감하고자 한다. 생생한 현장의 이야기를 들려주고자 한다.

내가 보험을 하기 전에 이런 책들이 만약에 있었다면 신중하게 읽고 생각해보고 도전을 했을 것이다. 아니 보험회사에 들어와서도 여러 고민과 시행착오들, 혼란스러웠던 일들에 대해서 겸허하게 받아들였을 것이다. 내가 이제는 또 그 역할을 하는 것이다. 내가 어학원의 강사들에게 <영어강사로 성공하라(취업에서 창업까지)>라는 책으로 도움을 주었듯이 말이다. 많은 사람들이 자문을 구했고, 나는 진로에 도움을 주었다.

그들이 감사함을 표할 때 나 또한 무한한 보람을 느낀다. 이제는 보험에 종사하는 무수히 많은 사람에게 도움을 줄 때다. 나에게 다시 또 임무가 내려진 것이다. 나는 그렇게 생각하고 책을 쓰기 시작했다.

❖내 능력으로 사업을 펼쳐야겠다

보험설계사도 엄연히 말해서 개인사업자이다. 보통 일반 창업하는 데 드는 돈이 2억 정도다. 만약에 보험회사에 내가 2억을 넣고 사업을 한다고 생각을 해보자. 어떻겠는가. 아마 잠을 제대로 잘 수 없는 날도 많을 것이다. 자신이 영업에 능력이 있다면 모르겠지만, 아니 능력이 있어도 쉽지는 않을 것이다. 정신적으로 매우 힘들 것이다. 내가 늘 지나다니면서 보는 도로 옆 상가의 간판과 인테리어가 수시로 바뀐다. 힘든 현실이다. 그래서 사람은 자신이 잘 하는 것, 살아오면서 능력이 검증된 것으로 사업을 해야 한다. 내가 보험회사에 와서 영업을 하면서 깨달은 점이다.

사업을 해야겠다는 것이다.

❖내가 가진 능력은 무엇인가

첫째, 나는 어학원에서 학생들을 가르쳤다. 가르치는 것에 능력이 있다. 단숨에 영어 성적을 올려줄 수 있다. 개념을 완성해줄 수 있다. 문법의 체계를 핵심적으로 단기간에 잡아줄 수 있다. 텝스와 토플도 쉽게 전략적으로 설명해 줄 수 있다. 바로 점수를 얻도록 만들 수 있다. 수동적인 영어 학습에서 자기주도 학습으로의 습관을 길러줄 수 있다.

둘째, 여러 여건이 맞지 않아 외국 한 번 나가 본 적이 없지만 외국인과 편하게 대화를 할 수 있다. 영어로도 수업을 할 수 있다. 외국에 어학연수를 갔다 온 사람들이 부럽지 않다. 그들이 오히려 나를 부러워했다. 국내에서도 얼마든지 영어를 할 수 있는 방법을 가르쳐줄 수 있다.

셋째, 강연에 능력이 있다. 사람들 앞에서 말을 하는 것에 부담이 없다. 영어 강의를 해서 그런지 몰라도 대중 앞에 서서 나의 이야기를 전달하며 소통할 수 있다.

넷째, 중저음의 좋은 목소리를 가지고 있다. 더불어 정확한 발음과 전달력이 좋다. 어학원에 들어가기 위한 수많은 면접과 시범강의를 모두 통과한 비결 중의 하나이기도 하다. 주변에서 목소리가 편안하고 좋다고 하면서 배우고 싶다는 말도 많이 들었다. 나는 또한 화법의 기술을 가지고 있다. 어떤 상황에서 어떻게 말을 해야 하는지를 잘 파악하고 있다. 힘주어 말을 하지 않아도 설득력이 좋다.

다섯째, 어려운 것을 단순하게 만들어 전달한다. 한 가지 예로, 학생들이 어려워하고 복잡해하는 영어(문법, 리딩 등)를 단순하게 정리해서 핵심적으로 가르쳐준다. 모든 것을 단순하게 만들어서 정리할 수 있는 능력이 있다. 보통 천재가 복잡하고 어려운 것을 단순하고 명쾌하게 요약해서 전달해 준다. 그렇다고 내가 천재라는 소리는 아니다.

여섯째, 책 쓰기를 좋아한다. 아니 책을 쓰는 능력이 있다. 이미 책을 출판했다. 〈영어강사로 성공하라(취업에서 창업까지)〉, 이 책으로 작가로 데뷔를 했다고 해도 과언이 아니다. 지금도 책을 쓰고 있다. 누구에게 배우지 않고 책을 썼으니 글쓰기에도 재능이 있는 건 맞다. 자신의 이름이 새겨진 책을 출판하겠다고 10번도 안 되는 수업에 천만 원 정도의 수강료를 지불하고 수업을 듣는 사람도 있다. 그것에 비하면 나는 그런 수업 한 번 들어보지도 않고 책을 썼으니 능력이 있음이 분명하다. 이 외에도 많이 있다. 하지만 여기서 줄이고자 한다.

여러분도 자신을 잘 살펴보면 숨겨진 재능이 있다. 나만이 그런 것이 아닐 것이다. 하나님은 태어날 때 저마다에게 능력을 심어주셨다. 단지 발견하지 못했을 뿐이다. 어찌 되었든 나는 내가 가진 능력으로 사업을 펼치는 편이 낫다는 결론이 섰다. 보험회사에서 오랫동안 일을 하시는 분들을 보면 과거에 영업을 해보았던 경력이 있다. 그들은 영업에 능력이 있어 전 직장에서도 좋은 성과를 거두었고, 세월이 흘러 퇴직하고 업종만 변경을 했을 뿐 같은 영업을 하고 있다. 그들은 영업에 능력이 있는 것이다. 그러니 보험영업이 맞는 것이다. 당연히 한 번에 200만원, 100만원씩 계약을 체결해온다. 몇 개월 안 된 그들이 하는 그 영업 실적은 아무나 할 수 있는 것이 아니다. 그래서 누구나 타고난 능력으로 사업을 해야 한다.

❖잘하는 것, 그 다음이 하고 싶은 것이다

뇌와 몸이 거부를 한다. 아침에 자고 일어나서 출근하려고 준비를 하면 뇌가 거부를 하고 다음으로는 몸이 거부를 한다. 그 이유는 내가 잘하는 것이 아니기 때문이다. 내가 흥미를 느끼며 재미있게 하는 것이 아니기 때문이다.

어릴 때는 자아가 약하기 때문에 싫어도 그냥 하는 편이 많았다. 그런데 성인이 되고 점점 나이가 들수록 자아가 강해져서 받아들이려 하지 않는다. 또한 세상을 너무 많이 알아버렸다. 아니 나 자신에 대해서 많이 알고 있다. 이런 상황에서는 내 몸이 이렇게 받아들이고 있고 저런 상황에서는 저렇게 받아들인다는 것을 알고 있다. 이렇게 해서 된다, 안된다를 살아온 경험 치로 판단해버린다.

정답은 그것이다. 자기가 잘 하는 것을 하고 난 이후에 돈을 벌고 여유가 생기면 그때 하고 싶은 것을 하는 것이다. 그것이 보험이 되었든 사업이 되었든 말이다. 내가 그런 상황인 것이다. 이런 깨달음을 준 아침에 감사한다.

❖좋아하는 것을 할 때 열정이 샘솟는다

열정이 한 없이 샘솟는다면 얼마나 좋을까. 옛날에 영어공부를 하면서 알게 된 형이 있다. 그 형은 지방에서 올라와 사법고시를 준비하고 있었는데, 사법고시의 영어과목이 공인인증시험으로 대체되었다. 그래서 텝스(TEPS)를 공부하고 있었다. 텝스가 기준 점수가 미치지 못하여 1차원서조차 쓰지 못하고 있었다.

그 형은 정말로 사법고시에 합격하고 싶었던 것이 느껴졌다. 지방의 산속에 위치한 암자에서 공부도 했고 서울 신림동에서 공부도 했다. 어릴 적 꿈이 사법고시에 합격해서 법조계에서 종사하는 것이라고 했다.

그랬던 형이 5년 만에 연락이 되었는데 그때 했던 말이 기억에 남는다. "열정도 한 없이 샘솟는 거 아니다. 나이가 들면 열정도 서서히 사라진다." 모든 것을 포기하고 고향에 내려가서 누나가 운영하던 학원을 이어받아 운영한다고 했다. 포기했다고는 하지만 모든 것을 한 번에 내려놓을 수가 없어 사법시험이 폐지되기 전에 공부를 더 하고 싶다거나 아니면 로스쿨에 들어가고 싶다고도 했다.

그때는 내가 어려서 몰랐는데 나이가 들면서 알았다. 열정이라는 것이 한 없이 샘솟는 것이 아님을 알았다. 더욱이 내가 진정으로 좋아서 하고자 하는 것이 아니라면 열정은 더욱 솟아오르지 않는다. 어릴 때는 모든 것이 그냥 재미있고 열정적이었는데 살아보니 그게 아니었다. 더 늦기 전에 내가 가진 이 열정이 사라지기 전에 자기가 잘 하는 것에, 자기가 좋아하는 것에 열정을 투자해야겠다. 누군가는 그런 말을 한다. "좋아하는 일을 할 때의 열정을 다른 분야에 쏟으면 어떻겠냐고…" 그러면 그 분야에서 성공할 수 있다고 말했다. 하지만 그건 아니었다. 그렇게 쉽게 바뀔 수 있는 것이라면 그건 열정이 아니다.

❖가는 길에 정답은 없다

사람은 태어나서 내가 의도하든 하지 않든 인생의 여정을 떠난다. 누구나 처음에는 그 길을 모른다. 그냥 사회가 정해놓은 길을 정석으로 여기며 떠나는 것이다. 고등학교까지 부모님의 보호 하에 공부 열심히 하고 건강하게 자라서 좋은 대학교에 가고, 졸업과 동시에 회사에 취업해서 안정을 찾고, 결혼해서 자녀를 낳고 행복한 가정을 꾸리는 것이 우리 시대가 만들어 놓은 길이다.

그런데 요즘은 시대가 변했다. 이렇게 정해놓은 길을 정확하게 밟고 가는 사람들이 얼마나 될까. 사회 구조적인 문제로 인해서 대학을 졸업해도 빚더미에 앉아 있고 더욱이 취업도 되지 않고 있다. 취업이 되어도 얼마 되지 않는 돈을 받으면서 야간근무까지 하고 있다. 결혼보다 연애조차도 할 여유가 없는 사람이 많다. 돈 걱정, 집 걱정을 하다보면 하루에도 몇 개의 직업을 가져야 하는 게 현실이다. 이런 현실을 누가 바라겠는가. 어느 누구도 이런 삶을 바라지 않았을 것이다. 모두가 순탄한 길을 가고자 했을 것이다. 하지만 마음대로 되지 않는다.

사람은 누구나가 가야 할 길이 있다. 자신이 정해놓은 길을 가려고 해도 쉽지 않다. 누구나 대기업을 가고 싶어 하는데 다 갈 수는 없다. 그렇다고 평생 대기업만을 기다리며 살 수는 없지 않은가. 나도 경험해 보았지만 오지 않은 그 미래를 위해 현재를 포기하며 사는 건 정말로, 정말로 삶을 죽이는 행위이다. 그 시간에 자신이 가야 할 길을 가는 편이 낫다.

세상을 살아보니 어떤 길이든 정답은 없다. 자신의 길을 가는 것이다. 사회가 정해놓은 길도 마음대로 안 되는 삶인데 자신의 길이 어떻게 될지는 모르지만 그래도 자신의 길을 가는 편이 후회 없는 삶이 아닐까 싶다.

영업이 자신의 길인 사람은 영업을 하면 되는 것이다. 보험영업이 자신의 길이 아니라면 자신의 길을 찾아서 가면 되는 것이다. 이런 사실을 보험을 하면서 깨달았다는 거 자체가 삶을 일깨운 것이다. 성장한 것이다. 누구나 가야 할 길이 있다. 자신의 길을 찾아 떠나라.

❖크게 생각하고 행동하라

나는 보험영업에 도전한 것을 후회하지 않는다. 내가 선택한 것이고 내가 계획했던 것이다. 하지만 결과는 다를 수 있다. 세상 모든 일이 내가 원하는 대로 풀린다는 보장은 없다. 그렇다고 나의 삶이 망가진 것도 아니다. 인생에 있어 좋은 경험을 한 것이다. 이것만으로도 성공했다고 생각한다.

우리 한 번 크게 생각해보자. 보험영업은 100세 인생 중의 아주 작은 점에 불과할 것이다. 고등학교 때는 대학을 못 가서 1년을 재수한다고 생각하는 거 자체가 끔찍한 것으로 여겨졌다. 1년을 재수하면 또래 친구들보다 1년을 손해보다는 느낌이 들었다. 그런데 커서 보면 재수하느라 보낸 1년은 아무것도 아니었다. 사회에 나오면 아무것도 아니다. 흔적도 없다.

100년의 인생 중에 작은 점에 불과한 것이다. 크게 생각해보면 오히려 나에게 이로운 것이다. 크게, 크게 생각하고 행동해 보라. 문제는 고민했던 것보다 아주 쉽게 해결된다.

❖나와 마주하다

사람이 정신없이 살다보면 자신을 마주하는 시간이 없다. 함께 입사했지만 아쉽게도 일찍 그만두셨던 큰누님이 잘 지내고 있냐는 메시지를 보내왔다. 메시지에 이어 전화통화로 이어졌다. 그간의 마음고생으로 몸이 안 좋았는데 이제는 회복되었다고 하셨다. 잠시 쉬는 동안 들었던 생각 중에 하나가 보험을 했던 시간이 마치 꿈을 꾼 것 같다고 하셨다.

그렇다. 나도 그렇게 느낀 때가 있다. 나는 그분이 쉬면서 자기 자신과 마주하는 시간을 가졌다고 본다. 나 역시 나를 마주하면서 많은 생각을 했다. 내가 가야 할 길은 어디인지, 내가 과연 올바른 길을 가고 있는지, 내가 어떻게 살아왔는지 등 수많은 생각과 마주했다.

본래의 자아(ego)와 만나서 세상을 돌아보는 것이다. 정말로 필요한 것이다. 욕망의 이드(id)가 더 강했던 건 아닌지, 초자아(superego)가 한때 약해졌던 건 아닌지, 그래서 이제는 초자아(superego)가 중재를 하고 더 강해져야 할 시점인 것이다.

사람은 강한 듯 보이지만 내면은 본래 순수하고 약한 존재이다. 무의식의 이드가 달려들어 변화를 꾀하고 초자아가 이를 경계하며 도덕적 판단으로 억누른다. 자아가 이를 수용하며 살아간다. 정답은 균형이나 어느 한쪽이 우세할 경우가 있다. 보험의 시작은 이드가 더 강했으나 이제는 초자아가 더 우세할 시점이 된 것이다. 그래서 자아는 균형을 찾고 있는 것이다. 이는 나 자신을 마주할 때 가능하다.

죽음 앞에 서면 모든 것은 시시하고 하찮게 여겨진다. 살면서 겪었던 모든 고난도 결국 허무하다는 것을 깨닫는다. 주변 사람들과 싸울 일도 없고 화를 낼 일도 없다. 같은 지구상에서 같은 공기를 마시며 사는 같은 사람이라는 것에 즐거울 뿐이다. 결국 같은 사람이고 언젠가는 모두가 죽는다는 점에서 마음이 넓어지고 그들을 이해하게 된다. 모든 것을 내려놓고 나 자신과 대화를 해보자. 당신의 위치가 보일 것이다.

❖소중한 시간의 가치

당신은 당신이 보내고 있는 하루의 가치, 아니 자금 이 순간의 가치를 돈으로 환산하면 얼마쯤 된다고 생각하는가. 대부분의 사람은 자신이 현재 받는 월급을 한 달로 나누어서 계산한다. 그래서 하루당, 시간당 얼마를 벌고 있는지를 계산해서 그것으로 자신이 사용하고 있는 시간의 가치를 생각한다.

그런데 그건 회사에서 정해놓은, 그들이 사회적으로 당신의 가치를 환산한 가치일 뿐이다. 당신은 동의하고 싶지 않아도 자의반 타의반으로 동의한 것이다. 그렇게 계산을 하면 아마도 많이 실망할 것이다. 정말로 내가 이 정도밖에 안 되나 하고.

나는 개개인에게 주어진 삶 자체로 볼 때, 매일 보내고 있는 하루는 100조 아니 1000조의 가치가 있는 소중한 시간이라고 생각한다. 인생에 있어 지금 보내고 있는 시간은 다시 오지 않는다. 100조, 1000조의 가치가 있는 이 시간을 내가 지금 무엇을 하며 보내고 있는 것일까. 어느 화창한 아침에 일어나 깊은 생각을 했다.

❖10년 후의 나는 어떤 모습일까

보험회사에 있으면서 다양한 연령층의 설계사 분들을 봤다. 보험회사의 평균 연령이 50살이라고 한다. 50대, 60대의 설계사분들을 보면서 어느 순간 나의 50대와 60대의 모습은 어떨까 생각했다.

과연 나의 50대는 어떨까. 그분들처럼 이곳에서 보험 상품을 판매하고 있을까. 매일 이렇게 보내다 보면 그렇게 되겠지. 내가 지금 오지 않았다면, 그분들처럼 사회생활을 할 만큼 다하고 녹이 슬어 갈 곳이 없어 보험을 하러 왔을지도 모른다. 사람의 일은 모르는 것이니까. 그분들보다 나는 먼저 경험을 했으니 50살이 되어서 다시 오지는 않을 것이다.

내가 보험으로 50살의 모습이 그려지지 않는다면 지금 무엇을 해야 하는 것일까. 어느 누구도 미래의 모습을 알 수는 없다. 하지만 지금 하는 일이 즐거운지 보람된 것인지는 알 수 있다. 자신의 적성에 맞는지 정도는 알 수 있다. 그 정도만으로도 미래의 대략적인 진로를 생각할 수 있다.

인생은 그렇다. 자신이 하고 싶은 일이라면 그래서 즐거움을 느낀다면, 내일도 모레도 1년 후에도 5년 후에도 즐거운 길, 행복한 길을 걷고 있지 않을까. 길을 잘 선택하면 저절로 잘 된다고 했던 어느 목사님의 말이 생각난다. 미래의 자신의 모습을 그려보자. 그리고 현재의 모습과 비교해 보자.

❖ 그래도 감사하라

사람은 어리석은 존재다. 어려서는 빨리 성인이 되어 자유를 누리고 싶어 한다. 막상 어른이 되면 다시 어린 시절을 그리워한다. 그 자유에는 많은 책임이 따르기 때문이다. 현재의 가치를 모르고 현재의 감사함을 모르는 것이다.

지금도 마찬가지이다. 보험을 하고 있는 지금, 내가 이러려고 보험을 했나 싶기도 하지만 지금의 시간이 인생에 있어 다시 오지 않을 순간이다. 100조, 1000조의 가치가 있는 삶이다. 그래서 우리는 지금의 현실이 만족스럽지 못하더라도 지금 이 순간에 감사해야 한다. 왜냐하면 어차피 이 시간이 지나고 나면 다시 지금의 시간을 그리워할 것이기 때문이다.

세상에 일어나는 모든 일은 나름의 의미가 있다. 반드시 지나고 난 후에 알 수 있다. 그래서 아무리 힘들어도 감사해야 한다. 시간이 흐르면 다 이유가 있었음을 깨닫게 되기 때문이다.

감사해라. 감사해라. 억만 번 감사하자. 자신이 건강하게 하루를 출근할 수 있다는 것에, 누구에게 보험 상품을 팔 것인가를 고민하는 이 순간을, 전혀 몰랐던 분들을 보험회사에 와서 좋은 인연으로 만나게 되었음을 감사해라. 감사한 일들은 주변에 무궁무진하게 많다. 오늘 하루도 감사하면서 자신에게 주어진 일을 묵묵히 해야 한다. 지나고 나면 그때가 좋았음을 깨닫게 될 것이기 때문이다.

화창한 봄날의 **보험영업** 이야기 ❀

❖현실을 인정하고 나아가자

사람의 내일은 알 수가 없다. 어릴 적 내가 꿈꾸었던 삶은 지금의 모습이 아니었다. 모든 것이 생각한 때로 다 이루어 질것이라는 확신을 가졌고 그랬기에 늘 자신감이 차 있었다. 세상은 정말로 노력하면 안 되는 것이 없다고 생각했다. 하지만 고등학교 때부터 삶이 그렇지 않다는 것을 깨달았다. 세상은 노력만으로 되지 않는 게 있다는 것을 알았다. 우리가 알 수 없는 많은 것들이 작용한다.

얼마 전에 깨달은 것들 중의 하나는 뉴스에서 터져 나오는 채용비리다. 학창시절에 몇 년 동안 수천, 수 만개의 잡(job)공고를 찾아보고 천 건이 넘는 이력서와 자기소개서를 쓰기 위해 고뇌했고, 그 결과로 인해 나 자신의 무능에 실망과 좌절을 느끼고 아파했던 시간이 너무도 허무하게 느껴지는 순간이었다. 어차피 안 되는 확률에 황금 같은 시간만 낭비한 꼴이 되었다. 하지만 지금 내가 할 수 있는 건 받아들이는 것이다. 지금의 현실을 받아들이고 앞으로 나아가는 것이다.

내가 보험영업을 하고 이렇게 책까지 쓰게 될 것을 누가 알았겠는가. 나조차도 예상하지 못한 삶이다. 그래서 나는 기도하고 또 기도한다. "나에게 일어나는 모든 일들을 그냥 받아들일 수 있게 해달라고"

나에게는 아직도 어렵다. 현실을 그냥 받아들이고 앞으로 나아가는 것이 나를 위해 이롭다는 걸 알면서도 잘 안 되는 건 왜 일까. 그건 아마도 내가 나 자신을, 사회를 인정하지 않기 때문이다. 노력하고 기도하자. 언젠가는 가능할 것이다.

화창한 봄날의
보험영업 이야기

영업이라는 것은 사람의 마음을 다루는 활동이다.
작은 기술은 배울 수 있으나 순간 순간 일어나는
모든 일을 영업 전략에 적용할 수는 없다.
사람마다 각기 다른 방법을 사용해야 한다.
내가 쓰는 이러한 전략은 전략이라기보다는
경험으로 깨달은 작은 기술 정도로 생각해주면 좋겠다.
당신이 정말로 힘들 때 도움이 되고자
깨달은 방법들을 공유하고 싶어 적는다.

경험으로 깨달은
영업 전략

Part V

❖영업 전략이란 무엇인가

영업도 전략적으로 해야 한다는 교육을 받는다. 어떻게 고객에게 접근을 해야 하고, 어떻게 화법을 사용해야 한다는 그런 것들이다. 나는 이런 것이 이론에 지나지 않는다는 것을 깨달았다. 내가 직접 해보니 정말로 실전에서는 좀 달랐다. 역시 이론은 이론일 뿐이었다. 사랑을 하기 위해 연인을 만나기 위해 연애수업을 듣는 사람이 있다. 정말로 이게 맞을까. 이론으로 연애를 배울 수 있을까. 어느 정도는 배울 것이다. 하지만 그 이론대로 다 될까. 아마도 기술을 배우는 수준일 것이다. 진심이 통할지는 의문이다.

영업이라는 것도 나는 그렇게 본다. 사람의 마음을 다루는 활동이다. 작은 기술은 배울 수 있으나 순간 순간 일어나는 모든 일을 영업 전략에 적용할 수는 없다. 사람마다 각기 다른 방법을 사용해야 한다. 수많은 성격을 가지고 있는 사람, 열 길 물속은 알아도 한 길 사람 속은 모른다고 하는 속담도 있듯이 어떻게 그때 그때 전략을 사용할 수 있다는 말인가.

그런데 나는 마음이 아프다. 정말로 사람을 상대하는 데 이렇게 전략이라는 단어를 사용해야 하는가 하는 점에서 쓸쓸하다. 더 중요한 건 마음이다. 상대방을 위하는 진정한 마음, 그 상대방에게 정말로 필요한 것임을 알려주는 것이 진정한 전략이 아닐까.

그래서 내가 쓰는 이러한 전략은 전략이라기보다는 경험으로 깨달은 작은 기술 정도로 생각해주면 좋겠다. 당신이 정말로 힘들 때 도움이 되고자 깨달은 방법들을 공유하고 싶어 적는다.

❖상대 자체가 목적이 되지 말자

어떤 친구가 당신을 만나러 왔는데 알고 보니 당신을 만나러 온 것이 아니고 당신에게 물건을 팔려고 왔다면 당신의 기분은 어떻겠는가. 당신 자체가 목적이 되어버린다면 섭섭한 감정이 앞설 것이다. 보험을 한다고 해서 만나는 모든 사람이 영업의 대상이 되어 버린다면 당신이 그들을 대하는 태도가 부자연스럽게 된다. 그 사람을 조심스럽게 대하게 되고 그 사람이 직장상사인 듯 그에게 예의를 갖추게 된다. 당황해 보이고 여유도 없어 보일 것이다. 그렇게 되면 상대방의 마음을 열 수 없다.

내가 지인을 그렇게 대하고 나서 깨달았다. 이건 아니구나. 내가 생각을 잘못 했다고 후회했다. 이를 위해서는 마음을 비워야 한다. 좋은 분위기를 만드는 것도 중요하고 자신감을 갖는 것도 물론 중요하다. 당연히 친절해야 하는 것도 맞다. 상대를 먼저 목적으로 바라보지 않아야 하는 것이 무엇보다 중요하다. 늘 그렇듯 그렇게 편안하게 대하면 된다.

❖작은 수첩으로 나를 알린다

자신을 상대방에게 부담 없이 알릴 수 있는 방법 중의 하나가 수첩이다. 회사의 로고가 담겨 있는 작은 다이어리 수첩이면 더 좋다. 보험회사에서 일을 한다고 직설적으로 얘기하는 것보다는 수첩을 주면 더 효과적이다. 수첩을 받고 상대방은 묻는다. 이렇게 함으로써 쉽게 부담 없이 보험을 한다는 사실을 알릴 수가 있다.

오랜만에 만난 사람과 식사를 하는 자리에서 요즘 어떻게 지내는지 안부를 묻지 않는 사람은 없다. 이럴 때 말보다는 수첩을 주면서 주의 환기를 하는 것이다. 그러면서 자연스럽게 언제부터 일을 했으며, 어떤 보험 상품이 인기가 있다는 등의 얘기로 자연스럽게 흘러가는 것이다. 고객은 무언가를 받는 것에 기분이 좋아진다. 부담이 될 법도 하지만 보험을 한다는 것에 대해서 부담을 느끼지는 않는다. 행여나 우연히 거리에서 아는 친구를 마주쳤더라도 수첩을 작은 선물로 주면 자연히 당신이 보험회사에서 근무하고 있다는 것을 알릴 수가 있다. 보험에 관심이 있는 친구라면 당연히 연락도 할 것이다.

❖상대방을 안심시키는 대화 기법

상대를 만나서 보험회사에 다닌다고 하면 10명 중 9명은 부담을 느낀다. 상대방은 마음속으로 보험을 가입하라고 말을 하면 어쩌나 싶어 내심 걱정을 한다. 그리고 분위기는 조금 어색해진다. 그런 경우를 대비해서 상대방의 마음을 안심시키는 대화 기법을 써야 한다. 즉 안심기법이다.

상대방이 "나에게 영업을 시도하려고 하는구나." 하고 생각하기 전에 먼저 말을 하는 것이다. "너 보험 다 있잖아. 새로 가입할 건 없잖아. 그래도 다행이다." 이렇게 먼저 말을 해놓는 것이다. 그러면 상대방은 "어 그래, 다 있어." 하면서 마음의 부담을 덜게 된다.

부담이 느껴지지 않는 분위기가 되면 상대방이 오히려 보험에 대해서 관심이 있다는 듯 묻는다. 상대방은 자신을 영업의 대상으로 삼고 있지 않다는 점에, 자신을 영업을 하려고 만나는 것이 아니구나 하는 점에 안심을 한다. 그런 상황에서 부담 없이 보험의 장점을 설명하는 것이다. 연예인 중에 누가 어떤 보험으로 혜택을 보았고, 유전적인 질병에 대한 대비책 등을 편안하게 얘기한다. 즐거운 보험회사 생활도 얘기한다. 보험회사에서 일을 시작하기 전에 자신이 가지고 있었던 오해를 비롯해 그들도 가지고 있는 오해들도 풀어주면 더 좋다.

❖만나서 알려라

보험을 하면 되도록 많은 사람에게 알리라고 한다. 아니 교육 중인데도 불구하고 SNS를 통해서 알고 있는 지인에게 모두 알렸다고 하면서 그들의 격려를 자랑하는 분도 보았다. 사람들에게 알리는 건 좋다. 하지만 보험회사는 알리는 것보다는 현재 알고 있는 그 사람들을 잘 관리하는 것부터가 보험영업의 시작이다. 요즘과 같은 SNS시대에 알리는 건 시간문제다. 그건 누구나가 할 수 있는 것이다. 결과를 낼 수 있느냐가 중요하다.

그래서 나는 권유하고 싶다. 전화나 문자, 각종 SNS 등으로 먼저 알리지 않기를 당부한다. 왜냐하면 섣불리 가까운 사람들에게 알렸다가 연락이 끊어지는 결과를 낳기 때문이다. 사람들은 보험에 대해서 편견을 가지고 있기 때문에 얼굴을 보고 만나서 대화를 해야 한다. 먼저 SNS를 통해서 알리면 그 다음 답장은 대충 파이팅이라고 보내지만 실제로 다음에 전화를 하거나 만나자는 제안을 하면 이런 저런 핑계를 대면서 피한다.

가깝다고 생각하는 사람들을 너무 신뢰하지 마라. 당신도 느끼게 될 것이다. 그러니 먼저 알리지 말고 일단은 만나서 알려야 한다. 만나지도 못하고 시도조차 하지 못한다면 잠재고객이 아닌 평생 휴식을 취하는 고객이 될 것이다. 그 사람을 잃은 것에 마음도 아플 것이다. 만나서 얼굴을 보고 알리면 인간관계가 끊어지는 일은 최소한 방지할 수 있다. 당신이 보험에 대한 선입견을 다소 풀어줄 수 있기 때문이다.

❖어차피 가능성이 제로인 고객들은 이렇게

자신의 스마트폰에 저장된 사람들을 여러 부류로 나눌 수 있다. 가장 친한 부류, 어느 정도 친한 부류, 별로 친하지 않고 그냥 아는 부류, 잘 알지만 절대로 보험에 가입할 사람이 아닌 부류, 정말로 차 한 잔 마시기도 어색한 부류, 한때는 같은 단체에 있어서 잘 알았지만 1년이 지나도 연락 한 번 하지 않고 지내는 부류 등으로 나눌 수 있다.

내가 말하고자 하는 건 그중에서 정말로 가능성이 제로인 부류의 사람들이다. 자신이 생각하기에 만날 수도 없고 만날 정도로 친하지도 않고 만나도 보험 얘기를 한다면 뜬금없는 입장이 되어버린다면, 이런 사람들에게는 SNS가 효율적이라는 것이다.

그 방법 중의 하나가 명함을 잘 찍어서 보내는 것이다. 어차피 만날 수도 없고 연락조차 힘든 사람들에게는 자신의 명함을 앞뒤로 잘 찍어서 인사말을 덧붙여 보내보는 것이다. 부담을 갖지 말고 손해 볼 것 없다는 생각으로 밑져야 본전이라는 생각으로 보내는 것이다.

그리고 또 다른 접근방식은 자동차보험으로 홍보를 하는 것이다. 자동차보험은 1년에 한 번씩 갱신해야 한다. 부담 없이 저렴하게 해준다고 하면서 알리는 것이다. 연락이 오면 좋은 거고 답이 없어도 그만이다. 원래 예상도 하지 않았기 때문이다. 하지만 반드시 연락을 하는 사람이 있다.

❖안부를 묻고 난 후에 알려라

지인에게 자신이 보험을 한다는 것을 알리기 위해서는 만나서 대화하면서 소식을 전달하는 방법을 나는 추천했다. 하지만 SNS를 통해서 굳이 알리고자 한다면 자신이 보험회사에 근무를 한다거나 좋은 보험 상품에 대한 글이나 이미지를 먼저 보내지 않기를 권장한다.

대신에 상품의 홍보 문구나 보험회사에서 근무를 하니 지인을 소개해 달라는 얘기 이전에 먼저 인사를 해라. 안부를 묻는 메시지가 우선이다. 그 다음에 상대방의 응답이 있으면 그때 보험회사에서 일을 하고 있다는 것을 알리는 것이 효율적이다. 경험을 통해서 깨달은 상황이다. 보험회사에서 일을 한다거나 상품을 홍보하는 글을 먼저 보내면 답장조차 오지 않을 가능성이 크다. SNS메시지를 읽지도 않고 설령 읽었다고 해도 답장이 없을 가능성이 크다.

상대방에게 인사를 하면 상대방은 안부인사라고 생각하고 답장에 응하는 경우가 거의 100퍼센트이다. 이럴 경우 대화가 시작되었기 때문에 보험회사에서 일을 시작했다거나 좋은 상품이 있다고 하면 상대방도 중간에 거절을 하면 속이 보이는 뻔뻔한 행동으로 보이기 때문에 거절을 할 수 없다. 이 시점에서 얘기가 잘 되면 고객등록으로도 이어질 수 있고 보험가입 여부라든지 아니면 보험 분석이나 부족한 보험을 상담해 줄 수 있는 약속도 잡을 수 있다. 안부인사도 없이 먼저 보험회사에 근무한다거나 상품광고를 보낼 경우 상대방의 입장에서는 당황스러울 수 있다. "나에게 장사를 하려고 하는구나. 보험영업을 시작했나 보다. 참 힘든가 보네." 정도로 생각해서 미미한 결과를 가져온다. 그러니 먼저 안부인사를 하고 그 다음에 대화의 물꼬를 트고 난 후에 다음을 진행하자.

❖공감대를 형성하라

사람들과의 대화에 있어서 중요한 것은 공감이다. 상대방이 자신에게 놓인 현 상황에 대해서 말을 하는데 자신은 공감하지 않는다면 대화의 의미가 없다. 상대방은 당신에게 무언가를 바라기 때문에 대화를 하는 게 아니다. 사실 그 문제를 해결해 줄 수는 없는 것들이 대부분이다. 하지만 상대방은 그 얘기를 함으로써 마음의 안정을 찾고 답답함을 조금이나 해소할 수가 있다. 그렇기 때문에 영업을 함에 있어서도 무조건 상품을 팔아야겠다는 생각만 하지 말고 상대가 어떤 대화를 하는지, 무엇이 필요한지에 대해서 공감대를 형성해야 한다.

보험 상품에 대한 대화가 아니어도 좋다. 만나서 상대가 무슨 말을 할 때 진심으로 그 말을 들어주고 공감하는 대답으로도 충분하다. 상대방이 자신을 믿고 공감대를 형성할 때 신뢰가 형성되고 나중에는 마음의 문을 연다. 그러면 자연스럽게 언제라도 보험 상품을 얘기할 수 있고 주변의 사람들도 소개 받을 수 있다.

❖짧은 시간에 마음에 와 닿는 말을 준비하라

말의 영향력은 이루 말할 수 없을 정도로 막강하다. '말이 입힌 상처는 칼에 베인 상처보다 깊다.'는 문구도 있다. 학창 시절 교수님의 홈페이지를 방문할 때마다 늘 보았기 때문인지 아직도 인상 깊은 문구로 마음속에 자리 잡고 있다.

정치인의 말 한마디가 뉴스거리가 되는 반면, 말 한마디가 사람의 인생을 바꾸기도 한다. 그래서 명언이 존재하는 것이다. 세대를 이어져서 내려오는 것이다. 그래서 말은 영업에 있어서도 정말로 중요하다. 영업을 할 때 처음 보는 사람이나 아주 조금의 친분만 있는 사람들과 대화하는 시간은 그리 길지 않다. 정말로 잘 아는 지인이나 친구라면 어느 정도 시간을 할애해주지만 처음 만나는 사람이나 친분이 그리 많지 않은 사람은 대화할 수 있는 시간이 정말로 적다.

보험의 가치부터 시작해서 상품의 종류, 보장내용 이런 모든 것을 일일이 설명할 수 없다. 고객이 관심이 있어서 찾아온 경우가 아니라면 그 모든 것을 들으려 하지 않는다. 그래서 고객의 관심을 끌 수 있고 고객의 심장을 멎게 할 화법을 준비해야 한다.

어떤 고객은 나에게 보험을 들어도 보험료만 내지 혜택을 보지 못하면 매달 돈만 내버리는 것이 아니냐는 말을 했다. 사실 보험은 사고가 없어 보장을 받지 못해도 만기에 환급을 받을 수 있는 상품도 있고, 그렇지 못하지만 평생 보장을 받을 수 있는 보장성 상품도 있다. 아주 다양하다. 일반적으로 보통 사람들은 병원도 안 갈 정도로 건강한데 돈만 아깝다는 생각을 한다. 이런 상황에서 나는 이에 대한 대답으로 다음과 같은 대답을 한다. 귀금속 상점은 필수적으로 보안업체에 보험을 드는데 그럼 꼭 도난을 당해봐야 보험을 효과를 보는 것이냐, 도둑이 들어서 다 훔쳐가서 망해봐야 보험의 효과를 보는 것이냐고 반문한다.

보험도 마찬가지로 정말로 자동차 사고라도 나서 불구가 되어야 보험을 효과를 보는 것이냐, 사고가 나기를 바라는 것이냐고 되묻는다. 보험은 갑자기 내리는 소나기에 우산이 되는 것이라고 한다. 이렇게 얘기할 때 고객은 말문이 막혀버렸다. 이처럼 고객에게 마음에 와 닿는 말을 찾아야 한다. 모르면 선배들에게 배워야 한다. 교육 중에 배부된 책을 통해서 자신만의 문구로 창조해야 한다.

그래서 고객의 마음을 울릴 수 있는 말은 무엇일까를 늘 고민해야 한다. 고객이 한 번 더 생각해 볼 수 있도록 하는 말이 필요하다. 집에 가서도 여운이 남는 그런 문장을 고민해야 한다. 이는 고객의 성별, 나이, 직업, 상황 등에 따라서 달라질 수 있으므로 다양하게 준비해야 한다.

❖스크랩을 활용하여 소개받자

요즘은 미디어 시대다. 무엇이든지 인터넷으로 검색을 해보면 다 알 수 있는 시대다. 암에 대해서 검색을 해보면 증상, 치료법, 암환자의 실제 사진, 수술 영상 등 모든 것을 구할 수 있다. 그런데 문제는 고객이 이것을 남의 일이라고 생각한다는 것이다. 또 다른 문제는 바쁜 현대 생활을 하면서 알아볼 시간이 없다. 그래서 자료를 볼 수가 없다는 것이다.

그래서 조금은 옛날 방식을 추구하는 것도 도움이 된다. 컴퓨터나 탭으로 사진을 담아서 보여주는 것도 좋은 방법이기는 하나 문제는 그 당시에만 보여줄 수 있지 당신이 없을 때는 바로 잊어버린다는 점이다. 그래서 방법은 자료를 직접 스크랩하는 것이다. 바인더에 질병, 상해 등의 사례 사진과 함께 핵심설명을 요약, 정리하는 것이다.

그런데 끔직하고 보기 힘든 사진들을 보여주면서 상대방에게 보험을 가입하라고 하면 부담을 느낀다. 보험을 가입할 생각도 없는 사람에게 갑자기 보험가입 권유를 하는 것도 상대방에게 실례가 될 수 있다. 그럴 때는 암, 뇌출혈, 심근경색 등과 같은 질병에 대해서 스크랩을 해놓은 자료를 보여주면서 자세히 설명을 해준다. 보험을 가입하라는 말이 아니라 주변에 건강이 염려되는 사람이나 가족력이 있는 사람을 소개해달라고 하면서 정성을 들여 자세히 설명한다. 그러면 상대방도 부담을 덜 느끼게 되면서 얘기를 다 듣게 된다.

마지막에는 스크랩한 자료를 한두 장씩 꺼내어서 명함과 함께 주는 것이다. 회사마다 이런 준비가 잘 되어 있어 출력을 하면 자동으로 보험설계사의 이름과 전화번호, 소속 등이 인쇄되어 출력된다. 당신이 없을 때도 자료를 보고 생각을 하게 된다. 때로는 주변에 가입이 필요한 사람을 소개해주기도 한다.

실제로 이렇게 했을 때 어떤 고객은 자신의 남편이 보험이 없어서 가입해야 하는데 하며 관심을 가진 적이 있어 상담을 한 적도 있다. 스크랩을 적극 활용하고 부담 없이 주변 사람을 소개해 달라고 하라. 서로 부담 없는 선에서 영업이 이루어질 수 있다. 무엇이든 부담이 생기면 거부감이 들기 마련이다. 옷가게에 잠시 둘러보러 갔는데 점원이 너무 적극적으로 다가오면 부담이 되어서 자유롭게 구경도 못하고 나오게 되는 것과 같은 이치이다. 자유롭게 둘러보게 하면서 안내책자를 주면 관심이 있어 구입으로 연결이 될 수도 있는데 말이다.

❖생각을 바꾸면 상처도 없다

무언가에 쫓기면서 상품을 팔려고 한다면 상대방은 어떻게 느낄까. '이 사람이 급하구나.' 하고 그 마음을 이해해서 팔아주어야겠다고 생각할까. 동정심이라도 느낄까. 절대 아니다. 시대가 변했다. 상대방은 오히려 급하구나 하면서 그걸 약점으로 생각한다.

어떤 영업이든 영업은 거절을 감수해야 하는 직업이다. 이미 거절당할 것을 염두에 두고 고객을 접촉하는 것이다. 그런데 특히나 보험영업은 거절이 더 심하다. 흔히들 보험회사에서 하는 말이 거절을 당해도 환영받지 못해도 갈 곳이 많은 곳이 바로 보험영업이라는 것이다.

그런데 이런 거절을 당했을 때 중요한 것이 바로 마음가짐이다. 마음을 어떻게 조절하느냐에 따라서 다음의 영업이 달라진다. 마음의 상태를 잘 조절하지 못하면 바로 자신감이 떨어지고 영업할 마음이 없어지고 정신에 힘이 풀린다.

그래서 내가 보험을 하면서 사용했던 방법은 생각을 바꾸어 보는 것이다. "나는 돈이 많다. 돈을 벌기 위해서 파는 것이 아니다." 이렇게 생각하면서 여유롭게 영업을 하는 것이다. "상대가 안 들어주면 어때, 내가 돈이 없나, 그냥 취미 생활로 하는 거야." 하며 고객에게 접근하는 것이다. 그러면 고객이 볼 때도 굉장히 여유로워 보인다. 안정감 있게 보인다. 사실 고객에게 사기를 치는 것도 아니다. 고객에게 나쁜 것을 파는 것이 아니다. 먼 미래에 닥칠 수 있는 위기로부터 고객을 도와주려는 것이다.

이런 방법으로 자신감을 회복하라. 누가 뭐라고 하든 그 말에 신경 쓰지 마라. 여유롭게 생각하고 고객을 대하면 된다. 세상에 거절이 없는 영업은 없다. 심지어 친한 친구와 저녁 약속을 잡으려 해도 다음에 보자는 거절의 대답이 온다. 이런 작은 거절에 상처를 받을 필요는 없다. 세상에 거절이 없는 삶은 없다.

❖서로 돕고 사는 것의 의미를 알자

'Give and Take.' 참 많이 들어본 말이다. 친구들 사이에서도 이런 농담을 한다. 사실 세상을 살다보니 이건 농담차원이 아니라 세상 사람들이 살아가는 사회의 방식인 듯싶다. 누군가에게 무언가를 바라는 건 나의 관점에서는 선뜻 받아들여지지 않는다. 나는 상대방에게 무언가를 받기 위해서 작은 호의라도 베풀지는 않는다. 받을 것을 염두에 두고 주는 것은 의미가 없다고 생각하기 때문이다. 그건 잠시 상대방에게 맡겨두는 것밖에 되지 않는다.

그런데 내가 보험을 해보니, 직접 사회의 다양한 무리 속으로 들어가보니 이게 실감이 났다. 내가 식당에서 식사를 하다 우연히 식당에서 일하시는 분들이 몸이 좋지 않다는 말을 하자 그것이 기회다 싶어 "보험이 필요하시군요." 하면서 보험 얘기를 했던 적이 있다.

보험을 가입해야 하는 필요성부터 저렴하고도 일상생활에 꼭 필요한 보험에 대해서 상담을 했다. 보험 얘기를 갑자기 하려면 본인도 좀 어색하기도 하고 듣는 사람도 당황스러울 때가 있다. 그럴 때는 가게에서는 상품을 사면서, 식당에서는 식사를 하면서 명함을 건네며 보험 얘기를 하든지, 아니면 아픈 곳이 있는지를 물어보면서 보험 얘기를 꺼낼 수 있다. 고객등록을 할 수 있는 기회, 자료를 줄 수 있는 기회도 얻을 수 있다. 부담가질 필요도 없고 얼굴을 붉힐 이유도 없다. 이는 자신의 가게에서 무언가를 사는 고객이기 때문에, 식당에서 식사를 하는 고객이기 때문에 거절하지 못하고 잠시라도 대화에 응하는 것이다. 자신의 고객에게, 매상을 높여주는 고객인데 아쉬운 소리를 하는 주인은 없다.

보험회사 주변의 식당을 가보라. 다들 보험회사의 화재보험이라도 가입을 하고 있을 것이다. 매번 보험회사 직원들이 와서 함께 식사하고 회식하고 하는데 거절할 주인은 없을 것이다. 서로 돕고 사는 존재가 인간이 아니던가.

좋은 의미의 'Give and Take'를 서로 돕고 사는 것이라는 우리말로 순화해서 사용하면 더 정감이 있을 것이다. 상점이나 가게 사장님에게도 서로 돕고 살자고 웃으면서 대화하면 바로 통할 것이다. 이것이 다 사람 사는 사회이다.

❖사은품을 항상 준비하라

영업은 꼭 말로만 하는 것이 아니다. 자신을 홍보할 수 있는 수단은 많다. 그중에서 아주 흔한 것 중에 하나가 사은품이다. 당신도 보았을 것이다. 거리를 돌아다니다 보면 각종 상점에서 다양한 사은품을 나누어준다. 이를 통해 모르는 고객에게 알릴 수 있고 행여나 필요하다고 생각했던 고객에게 구매를 유도할 수도 있다.

보험영업도 마찬가지다. 어디를 가든지 누구를 만나든지 반드시 자신을 알릴 수 있는 사은품을 가지고 다니는 것이 좋다. 아니 필수다. 보험은 주말이든 평일이든 언제나 사람을 만나는 직업이기 때문이다. 오랜만에 지나가다가 친구를 만날 수도 있고 동창을 만날 수도 있다. 바빠서 잠시 스쳐지나가면서 사은품을 준다면 자신이 어떤 일을 하고 있는지 알릴 수 있다. 관심이 있으면 연락이 올 수도 있다. 또한 처음 만난 사람인데 대화를 하다 보니 보험에 관심이 있을 수 있다. 그럴 때도 사은품을 주면 상대방의 표정이 조금이라도 기쁨으로 바뀌는 것을 알 수 있다. 이는 헤어지더라도 자신을 잊지 말라는 의미로도 작용한다. 집에 가서도 한 번쯤은 볼 것이기 때문이다.

모임에 나가서 대화 한 번 못해본 사람이라 할지라도 사은품을 주면서 인사하면 서로 쉽게 친해지게 되고, 이것이 보험 얘기를 하는 시작이 될 수도 있다. 단 사은품은 사람들에게 비싸지 않지만 일상생활에서 유용한 것일수록 좋다.

여기에 덧붙여 언제라도 설계를 하고 계약을 체결할 수 있는 탭을 가지고 다닌다면 금상첨화이다. 그 자리에서 바로 고객의 보험을 분석해주고 부족한 부분에 대한 대비책을 설명할 수도 있다. 계약으로 이어진다면 최고의 날이 될 것이다. 내가 그랬듯 술 마시다가도 보험계약이 되는 것이 보험이기 때문이다.

❖너무 많은 것을 알려주지 말자

"너무 많이 알려고 하지마라. 다친다." 참 재미있는 이야기이다. 옷을 팔면서 옷 가격이 어떻게 형성되고 얼마나 이윤이 남는지 등을 고객에게 다 얘기할 필요는 없다. 마찬가지로 보험도 그렇다. 고객이 어느 정도까지 알아야 할 선이 있다는 것을 깨달았다. 고객에게 하나하나 모든 것을 다 말할 필요가 없다. 괜히 말을 했다가 오해가 생길 수도 있다.

언젠가는 고객에게 설계화면을 보여주면서 담보를 정하고 보장금액도 넣으며 함께 설계를 했다. 마지막으로 보험료 계산에서 보장보험료와 적립보험료를 함께 넣었는데 고객은 그렇게 얘기를 했다. 5만원을 넣어도 되는데 왜 10만원을 넣느냐는 것이다. 나머지는 적립이라고 설명하고 이

자율과 장·단점을 설명했다.

그런데 그 사람은 오해를 했다. 보험회사가 돈을 벌려고 한다는 것이다. 싸잡아서 비판을 한다. 만약에 설계화면을 보여주지 않고서 담보내용과 보험료가 얼마라고 말을 한다면, 그래서 환급액이 얼마 정도 될 예정이라고 하면 별 말없이 넘어갈 일이다. 아니 청약서에 서명을 할 때 간단하게 설명을 하면 그렇게까지 오해를 하지 않을 것이다. 보험회사에서 그렇게 하는 거니 따라야 한다는 개념으로 받아들일 수도 있다. 너무 많은 것을 알려주면 오히려 역효과가 난다는 점도 알아야 한다.

❖굽실거리다와 겸손을 구별하자

영업을 하면서 느낀 점은 굽실거리다와 겸손을 구별해야 한다는 것이다. 국어사전을 찾아보니 굽실거림은 '남의 비위를 맞추느라고 자꾸 비굴하게 행동하다'고, 겸손은 '남을 존중하고 자신을 내세우지 않는 태도'다.

영업을 함에 있어 고객에게 겸손해야 하는 것은 맞다. 하지만 굽실거림은 아니다. 보험도 떳떳한 직업이다. 보험설계사라는 직업 항목이 존재한다. 다양한 직업 중에 하나임이 분명한데 굽실거릴 이유는 없다. 죄를 진것도 아니고 나쁜 물건을 파는 것도 아니다. 고객에게 겸손하게 친절하게 상품을 팔고 설명하고 예의를 차리는 건 당연하다. 하지만 절대로 굽실거려서는 안 된다. 사정하지 마라. 당당하고 떳떳해야 한다. 비굴한 모습, 약한 모습을 보여주지 마라. 당신은 당당한 직업을 가지고 그 역할을 충실히 하는 것뿐이다.

❖급하다는 걸 표현하지 말자

내가 한때 마음이 급했다. 그래서 고객을 만나서 어떻게든 팔아보려고 갖은 노력을 했다. 나는 급하지만 상대방은 그것을 알 리가 없다. 무엇보다도 상대방은 급하지 않다. 나만 급한 것이다.

내가 초보강사 시절에 진도가 급한 나머지 나는 정말로 빠르게 설명해서 진도를 맞추었다. 하지만 아이들은 이해를 못했다며 다시 설명해 달라는 결과를 낳았다. 문제의 요점을 보면 상대방의 관점에서가 아니라 결국은 나만의 관점에서, 나 좋다고 수업을 한 것이 된다.

보험도 다를 건 없다. 나는 열정적으로 설명을 해도 상대방은 모른다. 급하게 식사를 하는 것이 표시가 나듯이 상품을 팔 때도 마찬가지다. 내가 급하면 상대방은 내가 급하다는 걸 느낀다. 그렇다 보면 나는 설명을 잘 했다고 생각을 해도 절대로 그렇지 않다. 시간이 지나서 생각을 해보면 무슨 말을 했는지 모른다. 두서없이 말을 많이 하기는 했는데 결론은 없다.

그리고 상대방에게 급하다고 하는 나의 소중한 패를 알린 것이다. 상대방에게 내가 무엇을 가지고 있는지 보여준 것이다. 상대방은 내가 상품을 파는 것에만 목적이 있어 보이기 때문에 거부감을 느낀다. 싫어한다. 그래서 늘 여유를 가져야 한다. 급하다는 것 보여주지 말아야 한다. 마음은 조급하지만 급할 때일수록 돌아가라는 말도 있다. 차분하게 여유를 가지면 좋은 결과를 가져올 수도 있다.

급하다는 걸 노출시키면 그것을 오히려 역이용하는 고객도 있다. 보험료를 첫 회만 대납해 달라고 하거나 사은품으로 어떤 것을 달라고 하거나 하는 식으로 과한 것을 요구한다. 일부러 전화를 받지 않아 애간장을 태우며 다른 것을 요구하는 경우도 있다. 급할수록 돌아가라는 옛 선조들의 말에는 지혜가 내포되어 있음을 기억하자.

❖욕심부리지 마라

보험료가 비싸면 그만큼 설계사에게 유리한 면도 있다. 보장보험료만 입력했을 때 보험료가 높은 사람도 있지만 낮은 경우도 있다. 이럴 경우 적립보험료를 더 넣거나 아예 넣지 않을 수도 있다. 물론 설계사마다 생각이 다르고 고객마다 나름의 요구가 있다. 모두가 장점과 단점을 다 가지고 있다. 무엇이 옳다고 결론지을 수는 없다.

고객은 이런 사항을 구체적으로 알고 싶어 하지 않는다. 그래서 적정선의 보장보험료와 적립보험료에서 설계를 하면 보험료가 얼마이고 어떤 담보가 어떤 보장금액을 가지고 있다는 정도만 알 뿐이다. 하지만 고객은 만기에 환급액이 얼마인지를 알고 싶어 한다. 구체적으로 적립이 얼마인지는 별로 알고 싶어 하지 않는다. 아니 적립이 무엇인지도 모르는 경우도 많다.

보장과 적립을 분리해서 상세하게 명시하는 보험회사도 있지만 그렇지 않은 곳이 더 많다. 그렇다 보니 설계사가 조금은 욕심을 내기도 한다. 5만원이라면 2만원 정도 적립을 넣기도 한다. 그런데 이 적립이라는 것을 나쁘게 볼 건 절대로 아니다. 적립은 복리이자로 시중 은행보다 높은 금리가 있다. 그리고 적립을 하게 되면 환급액도 커진다. 어떤 고객은 아주 적은 3만원의 보험료를 내면서 나중에 환급액이 적다고 말하기도 한다. 하지만 이는 당연하다. 보험회사도 하나의 기업인데 한 달 3만원으로 그 많은 보장을 받으면서 환급액도 많다는 건 좀 이상하지 않은가.

어떤 고객은 보험 만기가 돼서 환급액이 예상보다 많다면서 기뻐하는 고객도 있다. 또 어떤 고객은 환급액을 많이 받기를 원하기도 한다. 이건 어떤 면에 있어서는 민감한 문제이다. 결국 이건 설계사의 몫으로 귀결된다. 어떤 설계사는 6만원인데 10만원을 얘기했다가 보험료가 비싸다고 거절당해서 재설계를 했던 경우도 있다.

그래서 깨달은 점은 너무 욕심을 부리지 말아야 한다는 것이다. 어떤 고객이냐에 따라서 달라지기도 하지만 고객에게도 도움이 되고 설계사에게도 도움이 되는 수준이 아주 적절하다. 50만원, 100만원을 하는 경우는 당연히 큰 금액이기에 고객에게 충분히 알려주어야 하지만 그보다 작은 선은 설계사의 신중한 판단이 필요하다. 아주 작은 금액조차도 고객에게 알려서 상의를 하는 것이 좋은 방법이나 이는 오히려 고객을 번거롭게 하고 이미지를 좋지 않게 만들거나, 더 안 좋은 경우는 보험계약 성사가 되지 않는 역효과를 불러올 수도 있다. 너무 욕심 부리지 말고 현명한 판단을 내리길 바란다.

❖한 번에 한 명의 고객을 만나라

보험영업은 한 번에 한 명의 고객을 만나야 한다. 다양한 고객이 있는 곳에 가면 많은 사람을 만나서 대화를 할 수 있으니 좋을 것이라고 생각할 수 있으나 부정적으로 말을 하는 사람이 많기 때문에 계약 성립이 어렵다. 특히나 미용실처럼 온 동네 사람들이 모이는 곳은 더 심하다. 미용실은 특성상 남자보다는 여자가 많다. 그런데 머리를 하는 동안 다양한 정보를 전달할 수는 있으나 그곳에 오는 아줌마, 할머니들의 부정적인 말 때문에 보험계약이 힘들다.

기본적인 보험에 대한 상식도 없으면서 다른 사람의 보험에 대해서 나쁜 말을 막 던진다. 보험이 있었는데 해지를 해서 몇 백만 원을 손해 보았다, 평생 크게 아프지도 않은데 보험료만 내고 있다, 국가에서 암도 다 보장해준다 등. 이런 식으로 별의별 말을 다한다. 이런 질문에 일일이 다 항변하고 질문을 주고받다가는 시간만 보내고 힘만 들고 제대로 된 한 명의 고객도 얻지 못한다. 실제로 그런 말을 하는 본인은 보험을 가지고 있어서 마음 편히 잠을 자고 보험으로 조금이라도 보장을 받고 있는데, 다른 사람이 가입하려고 하면 자신의 일이 아니라고 부정적으로 말을 한다.

그래서 보험 상담을 하거나 계약을 할 때는 가입하려는 한 명의 고객과 진실되게 상담할 수 있는 환경이 필요하다. 오늘 가입하겠다고 약속을 하고 서명을 하고도 바로 내일 출금하기 전에 마음을 바꾸는 사람도 있다. 사람의 마음은 상황에 따라서 쉽게 변하기 때문에 주변 사람들이 부정적으로 말을 하면 동조하게 된다. 많은 고객보다는 한 명의 고객과 상대하는 것이 한 번에 열 명의 고객과 상담하는 것보다 결론적으로는 좋은 결과를 낳는다.

❖인내심을 갖고 기다려라

내가 보험을 한다고 하자 술자리에서 반드시 나에게 자동차보험을 들겠다고 약속했다. 4개월이 지나면 만기가 되니 반드시 나에게 옮기겠다고 했다. 나는 한 달을 남겨두고 자동차보험 만기로 문자를 여러 번 남겼다. 별다른 반응이 없었다. 보험 갱신일이 1주일 앞으로 다가왔을 때 통화를 간신히 했는데, 보험료를 이것저것 물어보더니 결국은 다른 곳으로 가입하겠다고 했다. 구체적으로 어디인지는 말을 해주지 않았다. 설득을 해보았으나 비싸다면서 저렴한 회사로 생각해보겠다고 했다. 이런 결과는 내가 재촉을 해서 그렇다고 생각한다. 아마도 가만히 있었더라면 어땠을까 생각해 보았다. 그냥 내려놓고 1주일 정도 전에 전화를 가볍게 했더라면 어땠을까 하는 생각도 했다.

이런 와중에 동기 중 한 분에게도 이와 비슷한 아니 나보다는 더 현실적인 얘기를 들었다. 예전에 알고 지냈던 기업체 사장님이 계셔서 보험 얘기를 했고 보험 가입을 약속받았다. 그런데 실적을 맞추어야 해서 자주 전화하고 계약을 독려했더니, 돌아온 말은 어차피 너에게 할 건데 왜 이렇게 재촉하느냐는 말이었다고 한다. 지금 가지고 있는 보험에 대해서 좀 알아보고 정리를 할 시간이 필요하다고 했는데 아무래도 재촉하는 모습을 보여주는 것이 그다지 좋은 모양새는 아니었던 것이다. 결국 보험 가입은 아쉽게도 거절되었다. 누구나 그렇다. 물건 맡겨놓은 것도 아닌데 재촉한다면 기분이 좋은 사람은 없을 것이다.

자신이 보험을 하고 있다는 것을 주변 사람들에게 다 알렸다면, 더욱이 보험가입을 하겠다고 했다면 재촉하지 말고 기다리는 인내심이 필요하다. 서로 연락이 끊기지 않는다면 반드시 연락이 올 것이다. 자신에게 보험을 가입하지 않을 거라는 의심, 실적이 급하다고 재촉한다면 가능성이 높은 고객도 사라질 것이다.

❖실제 스토리를 말하라

고객을 가장 합리적으로 설득하는 방법은 실제 일어났던 사례를 보여주는 것이다. 이는 회사내부에서 사용할 수 있는 자료를 활용할 수도 있다. 회사마다 준비가 잘 되어 있다. 일반 자료도 있고 동영상 자료도 있다. 탭으로 가지고 다니면서 보여줄 수도 있다. 실제로 암이 걸렸을 때의 자료라든가, 사고가 났을 때 보장 받은 사례 등이 있다. 이를 보여줌으로써 고객은 보험의 필요성을 더욱 절실히 느끼게 된다.

이보다 더 신뢰감을 주는 것은 주변 지인에게 일어났던 실제 이야기다. 나도 고모가 계신데 어느 날 갑자기 쓰러지셨다. 원인은 뇌에 종양이 있어 뇌의 혈류가 막힌 것이었다. 그래서 급하게 수술을 몇 번 했다. 집안에 이런 일은 처음이었다. 수술비가 만만치 않았지만 보험을 가입해 놓았기 때문에 경제적인 문제는 없었다.

사람의 미래는 알 수 없다. 아무리 똑똑한 척 해도 자신의 1분 후의 일을 알 수 없는 게 사람의 인생인 것이다. 이렇게 주변에 일어났던 일, 마음에 와 닿는 이야기를 하게 되면 고객은 실제로 자신의 일처럼 받아들인다. 보험을 진지하게 생각한다.

더 좋은 방법이 있다면 자신에게 발생했던 이야기를 하는 것이다. 자신이 가입한 보험을 보여주면서 놀러갔다가 우연히 돌에 부딪혀서 발가락에 작은 골절이 생겼는데 100만원을 받았다거나, 새벽에 급성위염으로 응급실에 갔는데 응급실 내원 진료비도 받을 수 있어서 좋았다는 그런 실제 발생했던 이야기, 주변에서 흔히 일어날 수 있는 이야기를 하면 더 신뢰감이 생긴다.

❖ 명함은 다 뿌려라

어느 회사에 들어가면 제일 먼저 하는 일이 자신의 신분을 알릴 수 있는 명함을 신청한다. 명함은 한 번 신청하면 100장 단위로 나온다. 당신이 잠시 일을 한다고 해도 과연 100명의 사람에게 명함을 다 돌릴 수 있다고 생각하는가. 쉽지 않다. 100명의 사람을 만나야 하는데 실제로는 짧은 기간에 불가능하다. 그래서 나는 가능하면 많은 사람에게 명함을 건네라고 권하고 싶다. 잠시 하다가 그만두면 쌓이는 게 명함이다. 그 또한 낭비 아니던가.

현재의 직업에 있을 때 알든 모르든 보는 사람마다 홍보하며 전달하라. 나중에 그만두면 남는 게 명함밖에 없을 것이다. 쉽게 버리기도 힘들 것이다. 나도 집에 명함이 많이 있다. 대리점에 잠시 있을 때 신청했던 명함이 쌓이고 쌓였다. 현재의 명함도 쌓이고 쌓였다. 이는 개인정보가 있어 버리기도 힘들고 가지고 있기에도 무언가 석연찮은 면이 있다.

그리고 내가 영업을 열심히 하지 않았다고 후회한다. 내가 그 많은 명함을 어떻게든 다 돌렸더라면 실적이 현재보다는 더 낫을 것이라는 푸념을 한다. 명함은 무조건 다 돌리고 봐야 한다. 지인을 만나서 100장을 하루아침에 한 달 내내 돌리는 건 힘들다. 한 달에 100명을 만나기도 힘들다. 일단 일을 해보면 느낄 것이다. 그래서 나는 모르는 사람에게도 다 돌리라고 말하고 싶다. 커피숍에서 공부하는 모든 사람에게 돌려봐라. 식당의 손님 모두에게 돌려봐라. 기업체의 근로자 모두에게 돌려봐라. 그래도 남는 게 명함일 것이다. 100장 돌리는 것도 쉽지 않음을 알 수 있을 것이다. 그렇게 100장, 200장, 300장…. 회사에서 제공해준 명함을 다 돌렸을 때 판단해 보아라. 그리고 기다려 보아라.

❖상품 요약서를 만들어라

고객의 보험을 설계하고 다시 찾아갈 약속을 하고 방문했을 때 고객이 반드시 보험에 가입한다는 보장은 없다. 고객은 설계서를 보고 "일단은 놔두고 가세요."라고 말하는 경우가 많다. 또한 고객은 설계서를 볼 시간이 없다고 하기도 한다. 설계서가 복잡해서 고객이 보기에 불편할 수가 있다. 이럴 때는 상품 요약서를 만들어서 가면 효율적이다.

정성으로 작성한 상품 요약서로 핵심을 설명해주면 고객이 이해하는 데 도움이 된다. 또한 설계서를 설명도 못하고 놓고 나오게 되는 허탈할 경우에도 대비할 수 있다. 나중에 고객이 상품 요약서를 보고 결정을 내릴 수 있다. 상품요약서가 자신이 할 말을 대신한다. 다음은 상품 요약서의 예시이다.

 상품 요약서

상해+질병+실손의료비+운전자보험+종신보험으로 살아가면서 필요한 모든 보험이 하나의 상품으로 들어가 있습니다. 이 보험 하나면 더 이상의 다른 보험은 필요 없습니다.
월 10만원씩 20년만 납입하고 100세까지 평생 보장됩니다.

나이가 20대 초반이기 때문에 보험료가 굉장히 저렴합니다. 지금 가입해도 20년 후면 40대 초반밖에 되지 않습니다. 나이가 들수록 보험료가 비싸지기 때문에 지금이 최적기입니다.

또한 상품의 장점으로는 환급금액이 크다는 것입니다.

보험은 은행(1%, 단리)과는 다르게 연 단위 복리(2.45%)이기 때문에 평생 보장을 받으면서 저축도 함께 할 수 있습니다.

표에서 볼 수 있는 것처럼 40년 시점을 가정해 본다면, 다시 말하면 OO씨가 64세 되는 시점에 환급액이 92.3%로 18,020,790입니다.
20년을 10만원씩 납입하면 10(만원)*12(개월)*20(년) = 2400만원입니다.
여기서 2400만원 - 약 1800만원(환급액) = 약 600만원입니다.
그러면 결국 600만원으로 100세까지(80년 정도) 보장받는 겁니다.

1년에 75,000원(한 달에 6250원)으로 62가지 항목의 혜택을 받을 수 있습니다.
몇 억 원에서 몇 백 만원에 이르기까지 다양한 혜택을 보장받을 수 있습니다.

점심식사 한 끼 값으로, 스타벅스 커피 한 잔 값으로 상해+질병+실손의료비+운전자보험+종신보험으로 살아가면서 필요한 모든 보험(62가지 항목)을 100세까지 혜택을 볼 수 있습니다.
또한 중간에 돈이 필요할 때 중도인출해서 사용할 수도 있습니다.
한 살 한 살 나이가 들수록 보험료는 상승되는 것이고 한 번 어딘가에 몸에 이상이 생기면 그때는 보험을 가입하고 싶어도 가입할 수 없습니다. 보험회사가 거절합니다.

*** **건강할 때 건강을 지키시기 바랍니다.** ***

참고로 저의 친구 중의 한 명은 심장에 이상이 생겨서 협심증 판정을 받았는데 평생 약을 먹고 지내야 하고 심장에 림프관을 삽입하고 살아야 한다고 합니다. 보험을 가입하고 싶어도 가입할 수가 없습니다.

지금처럼 건강하고 어릴 때, 꼭 저렴한 보험으로 100세까지 보장받으시길 바랍니다.

INTERVIEW

 출간을 진심으로 축하드립니다. 먼저 자기 소개를 부탁합니다.

안녕하세요. 신경빈입니다.

세상을 살다보면 자신이 뜻하지 않지만 닥치는 일들이 많습니다. 이는 아무리 자신이 계획을 짜고 조심하고 노력한다고 해도 미래의 일을 알 수 없다는 얘기입니다. 이럴 때 우리에게 필요한 것은 그것을 받아들이는 자세입니다. 긍정적으로 받아들이느냐 비관적으로 받아들이느냐에 따라서 그 일의 해결방법이 달라집니다. 또한 이를 통해 깨달음을 느낄 수도 있고 반대로 적개심이 늘어날 수도 있습니다. 자신에게 일어나는 모든 일을 겸허하게 받아들일 수 있게 해달라고 기도하는 사람이 바로 '저 자신'입니다. 경험으로 깨달음이 생기고 이것들이 쌓여서 삶의 지혜가 높아진다고 생각합니다. 깨달음이 없는 삶은 죽은 삶이나 마찬가지입니다. 아침에 일어나서 움직일 수 있고 볼 수 있고 느낄 수 있고 먹을 수 있고 생각할 수 있는 것이 얼마나 감사할 일인지 깨달아 본적이 있나요? 저는 이렇게 늘 깨달음을 느끼고 세상을 긍정적으로 바라보는 사람입니다. 여러분 힘든 일이 있다면, 화가 나는 일이 있다면 화를 내고 짜증을 내고 울기도 하세요. 지금의 감정은 표현해야 하니까요. 하지만 이 또한 감사해야 합니다. 알고 보면 그 일은 모두 자신을 위한 일이니까요. 자신의 존재를 느끼게 해주는 고마운 일이랍니다. 여러분 오늘 하루도 즐겁고 감사하게 보내시기를 바랍니다.

어떤 계기로 이번 저서를 집필하게 됐는지, 어떤 내용을 다루고 있는지 설명해 주세요.

이번 책은 보험영업을 하면서 느끼고 깨달은 저의 삶의 이야기입니다. 보험영업에 도전하면서 하루하루 일어난 일들을 통해 한 층 성숙해져가는 한 사람의 이야기라고 할 수 있습니다. 막상 보험 영업을 하다 보니 처음 시작하는 보험설계사들에게 적합한 교재가 없다는 것을 알았습니다. 한 달에 보험 영업에 도전하는 사람들은 넘쳐나는데 시작시점에서 그만두는 사람들이 많습니다. 이들이 시작을 잘 극복해서 정착할 수 있도록 필요한 것이 바로 지침서라고 생각합니다. 지침서 중에서 단연 최고는 경험한 사람에게 배우는 것이 아닐까 생각합니다. 보험 영업은 다양한 분야에서 종사했던 분들이 새로운 삶을 설계하기 위해서 보험 설계사를 시작합니다. 어린 나이도 아닌 인생의 다양한 경험을 한 연륜이 있는 나이에 새로운 분야에 도전하는 건 쉽지 않습니다. 그렇다보니, 발생하는 모든 일에 실망과 좌절을 느끼고 심지어는 사람에게 큰 상처를 입고 포기합니다. 이는 자신에게 처음 일어나는 일이라고 생각하기 때문에 그렇습니다. 다른 누군가도 똑같은 경험을 하고 있다고 생각하면 아무렇지 않게 넘어갈 수 있습니다. 자신만이 느끼는 것이 아니라는 말에 위로는 받기 때문입니다. 이 책은 그렇습니다. 처음 시작하시는 분들이 제가 경험한 모든 일들을 보시고 그렇게 위안을 얻고 희망을 얻고 용기를 얻었으면 좋겠습니다.

선생님의 저서가 기존에 출간된 유사도서들과 어떤 점에서 차별성이 있는지요?

보험영업을 하면서 처음 본 책은 회사에서 발간하는 월간지였습니다. 그 안에 소개하는 모든 분들은 보험 설계사로 성공해서 안정적으로 자리를 잡고 계신 분들이었습니다. 서점을 둘러보아도 보험영업에 대한 책은 많지 않지만 대부분 보험으로 성공한 분들의 따라가기 힘든, 솔직히 말해서 초보자가 보기에는 공감할 수 없는 이야기들뿐이었습니다. 처음부터 한 분야에 성공할 수 있는 사람이 있나요? 성공한 이야기는 현재 보험으로 억대연봉을 받고 있기에 이정도면 성공했다고 말을 할 수 있기에 책을 출판한 것으로 보였습니다.(이건 저만의 생각입니다. 오해하지 말아주세요.) 하지만 인생의 대한 얘기는 왜 없을까요? 자신이 겪은 비굴함은 왜 없을까요? 보험영업은 영업 중에서도 가장 힘든 업종으로 알고 있는데 비굴했던 비참했던 삶의 이야기는 어디에 있는 걸까요? 이런 의문들이 뇌리를 스쳤습니다.

처음 시작하는 사람들 즉, 네 발로 한 발 한 발 기어가는 어린 아기가 두발로 뛰어가는 사람의 책을 읽고 실질적인 도움이 될까요? 저의 책은 네 발로 기어 다니는 아이가 두 발로 설 수 있도록 도와주는 책이라고 말씀드립니다. 엄청나게 영업으로 성공했다는 책은 아닙니다. 제가 영업을 잘 했던 사람이 아니기 때문입니다. 어쩌면 영업을 못했기에 이렇게 책을 쓸 수 있다고 생각합니다. 보험영업을 하면서 경험하고 느낀 것을 적은 책, 다시 말하면 인생철학서입니다. 억대연봉을 걷고 있는 사람들도 걸음마의 과정을, 힘들지만 극복하고 노력했기에 지금의 성공이 있다고 생각합니다. 이 책을 통해서 독자분들이 많은 도움을 받고 함께 공감하고 공유하기를 희망합니다.

 Q 이번 저서에서 미처 다루지 못했던 부분, 아쉬운 점이 있다면 말씀해 주세요.

《영어강사로 성공하라(취업에서 창업까지)》을 출판한 후에도 밤에 잠을 잘 때, 문득 아쉬운 점이 떠오르곤 했습니다. "이런 내용을 더 추가할걸, 내가 너무 성급했었나?" 지금도 떠오르는 이야기가 있습니다. 하지만 이는 개정판으로 내야할 거 같습니다.

글뿐만이 아니라 모든 일이 그런 것 같습니다. 늘 미련이 남습니다. 하지만 세상에 완벽함이란 없습니다. 그래서 매일 매일 새로운 신선한 글이 떠오르면 "이는 독자를 위한 것이다"라고 생각합니다. 독자가 깨달아야 하는 몫. 나의 책을 기본으로 해서 독자가 깨닫고 극복해야 할 몫이라고 생각합니다. 그래야 독자도 한 층 더 성숙해질 수 있으니까요. 저도 완벽한 존재가 아니듯 독자들도 그렇습니다. 이번 책에도 떠오르는 아쉬움이 밀려옵니다. 하지만 그 아쉬움은 독자분들이 읽고 깨닫고 각자의 마음속에 채울 수 있기를 바라는 의미로 그 아쉬움을 달래고자 합니다. 세상에 완벽한 건 없지만 아쉬운 점 또한 존재해야 사람 사는 세상이 아닐까 생각합니다.

Q 선생님의 저서를 읽을 독자들에게 하고 싶은 말이 있다면 남겨 주세요.

독자여러분 감사합니다. 저의 책을 읽어주셔서 감사합니다. 클릭으로 저의 책을 한 번이라도 검색해주셔서 감사합니다. 감사합니다로 글을 시작하는 이유는 글을 쓰는 모든 사람의 마음이기 때문입니다. 요리를 하고 그 요리를 아무도 쳐다보지도, 먹어보지도 않는다면 그 요리는 상해서 나중에서 먹을 수 없습니다. 이런 관점으로 생각한다면 얼마나 감사할 일입니까.

화창한 봄에 글을 쓰기 시작했습니다. 생각대로였다면 여름에 책이 출간되었어야하는데 개인적인 사정으로 글을 쓰지 못했습니다. 이제야 출간을 하게 되어 아쉬운 점은 있으나 그때보다는 더 성숙해지 모습으로 글을 썼으니 한 편으로는 더 좋은 글이 나왔다고 생각합니다.

처음 글을 쓸 때의 마음은 이 책으로 나와 같은 사람들에게 도움을 주어야겠다는 것이었습니다. 나처럼 무모하게 도전하지 말고 또한 도전해서도 나처럼 힘들지 않았으면 좋겠다는 사명감을 가지고 책을 쓰기 시작했습니다.

제가 책을 쓰는 방법은 여러 가지가 있지만 이번 책은 목차부터 구성했습니다. 목차와 소제목을 구성하는데에만 꼬박 2주일이 걸렸습니다. 그 만큼 많은 고민을 거듭했습니다. 하지만 저도 사람이기에 완벽하지 않을 수 있고 부족한 점이 많을 수 있습니다. 이런 점이 있다면 너그러이 이해 부탁드립니다. 진심으로, 진정성있는 마음으로 책을 썼다는 점은 확실합니다. 이 책을 읽고 조금이나마 도움이 되기를 바랍니다. 이 한 권의 책으로 삶을 좀 더 다르게 바라보았으면 좋겠습니다. 희망을 가졌으면 좋겠습니다. 깨달음을 얻었으면 좋겠습니다. 저의 삶을 독자 여러분과 진심으로 공유하고 공감했으면 좋겠습니다. 감사합니다.